Na Riqueza e na Pobreza

Christovam Bluhm Jr.
Na Riqueza e na Pobreza

O que fazer quando as contas **não** fecham

THOMAS NELSON
BRASIL

Copyright © 2019 por Christovam Bluhm Jr.

Todos os direitos desta publicação são reservados por Vida Melhor Editora, LTDA.
As citações bíblicas são da *Nova Versão Internacional*, a menos que seja especificada
outra versão da Bíblia Sagrada.

Os pontos de vista desta obra são de responsabilidade do autor, não refletindo
necessariamente a posição da Thomas Nelson Brasil, da *HarperCollins Christian
Publishing* ou de sua equipe editorial.

Publisher	*Samuel Coto*
Editor	*André Lodos Tangerino*
Assistente editorial	*Bruna Gomes*
Edição de texto	*Daila Fanny*
Preparação	*Gisele Múfalo*
Revisão	*Marina Castro*
Projeto gráfico e diagramação	*Sonia Peticov*
Capa	*Rafael Brum*

**CIP–BRASIL. CATALOGAÇÃO NA FONTE
SINDICATO NACIONAL DOS EDITORES DE LIVROS, RJ**

B621n
    Bluhm Junior, Christovam
    Na riqueza e na pobreza: o que fazer quando as contas não fecham /
Christovam Bluhm Junior. — Rio de Janeiro: Thomas Nelson, 2019.
    208p.

    ISBN 978-85-7167-063-1

1. Finanças pessoais   2. Educação financeira   I. Título

19-1806   CDD: 32.024
                                       CDU: 330.567.2

Angélica Ilacqua – Bibliotecária – CRB-8/7057

Thomas Nelson Brasil é uma marca licenciada à Vida Melhor Editora LTDA.
Todos os direitos reservados à Vida Melhor Editora LTDA.
Rua da Quitanda, 86, sala 218 – Centro
Rio de Janeiro – RJ – CEP 20091-005
Tel.: (21) 3175-1030
www.thomasnelson.com.br

Agradecimentos

Deus, obrigado por permitir a realização desta obra e por ter inspirado tantas pessoas ao longo da minha vida para chegarmos até aqui, guiados pelo Espírito Santo!

À minha esposa, Renata, agradecer é pouco. Muito obrigado pelo apoio e pelo incentivo constantes em nossa jornada, que envolveu grandes aprendizados sobre o tema das finanças. Com você, os ensinamentos da Palavra de Deus se tornam verdade e prática. Te amo!

Aos meus filhos, Vitória e Leo, que mudaram a minha vida e minha forma de pensar para melhor. Dedico o conhecimento para que sempre inspire vocês, como vocês me inspiram.

Agradeço ao André, editor desta obra, por todo o carinho e cuidado em cada detalhe, por ter me incentivado a preparar este livro desde a primeira vez que assistiu a uma palestra minha e pela enorme paciência na minha jornada para concluir da melhor forma possível. Você é um grande coautor espiritual deste trabalho.

À Daila, que me ajudou a organizar e a traduzir meus pensamentos, palestras e sonhos em algo real e de grande qualidade.

Agradeço, também, aos meus pastores nessa jornada: pastor Cláudio Manhães que, em 2011, abriu as portas do ministério de casais iniciando o cuidado financeiro; pastor Rodrigo Brassoloto que me abriu portas espirituais que eu ainda não conhecia; pastor Edio Dalla Torre Jr. que me instrui a viver a Palavra de Deus.

Agradeço a todos os casais e indivíduos que confiaram em mim, expondo-me sua intimidade financeira. Juntos, conseguimos superar as barreiras e virar o jogo. Vocês me incentivaram — e me incentivam — a melhorar diariamente o processo e cuidado com as pessoas. Sem vocês eu não chegaria até aqui. Por causa de vocês podemos abençoar muitas outras famílias.

Sumário

Apresentação	9
Prefácio	11
Quanto dinheiro sua família já gastou hoje?	13
1. Por que falar de dinheiro em casa?	17
2. Como gerir os recursos do lar?	45
3. Qual é o perfil financeiro da sua família?	77
4. O que vocês têm consumido?	101
5. O que fazer com as dívidas?	123
6. Qual é o melhor investimento?	147
Quanto dinheiro sua família já gastou hoje?	167
Anexos	173
Anexo I: Prática do planejamento financeiro pessoal e familiar	175
Anexo II: Planilha H2O	184
Anexo III: Planilha de projeção Eduardo e Mônica	190
Anexo IV: Guia de estudos: Visão bíblica sobre finanças	192
Anexo V: Quatro princípios espirituais para tomada de decisão no casamento	196
Notas	201

Apresentação

Uma das coisas que mais me fascina é quando olhamos para o passado de uma pessoa e conseguimos ver, em retrospectiva, seu crescimento em maturidade. Vemos os obstáculos não como obstáculos, mas como incentivos.

A Palavra de Deus diz em Provérbios 20:30: "Os golpes e os ferimentos eliminam o mal; os açoites limpam as profundezas do ser". No versículo 24, está escrito: "Os passos do homem são dirigidos pelo SENHOR. Como poderia alguém discernir o seu próprio caminho?". Os obstáculos, muitas vezes, são colocados por Deus, não para cairmos e ferirmos nossas pernas, nossa mente e nossa alma, mas para dependermos do Senhor e vivermos pela fé.

Conheço o Chris há anos. Lembro-me do dia em que me deparei com ele. A leitura que fiz dele naquele momento foi a de que era um homem que conhecia o evangelho, que tinha uma cultura evangélica, que sabia os mecanismos, mas lhe faltava algo. Faltava-lhe intimidade com o Espírito Santo. Faltava-lhe sair da condição de se ver como "mais um" na igreja e debutar como filho, conhecendo-se, glorificando a Deus no meio da tormenta, da fornalha ardente, da cova dos leões.

Orando e intercedendo por ele, comecei a assistir, presenciar, pastorear e discipular sua jornada. Vi os obstáculos, colocados por Deus, sendo removidos pelo Senhor e diluídos pelo Chris. Fui acompanhando seu crescimento e entendendo o que Deus queria falar com ele.

Uma das coisas que mais ministramos a ele foi sobre extrair de toda e qualquer situação uma oportunidade para se aproximar ainda mais de Deus. Nesses anos de convívio, tenho visto o Espírito Santo moldando as atitudes na vida do Chris, ensinando-o a sair da zona natural e a entrar numa zona espiritual. Por mais que ele já conhecesse a letra, o papel, a cultura, temos vislumbrado seu crescimento em maturidade. Enxergo um Chris totalmente lapidado. Antes, um protocolo que percebia nele quando era afligido era o de entrar em pane. Mas hoje, em vez de espernear quando o próximo obstáculo surge, ele para, olha para os lados e fala: "Jesus, o que o Senhor quer remover da minha alma? O que o Senhor quer inserir em meu coração? Ensina-me". Ele repete as palavras do salmista em Salmos 119:71: "Foi bom para mim ter sido castigado, para que aprendesse os teus decretos". Essa atitude tem criado nele resistência e intimidade com Deus. Sua fé é alimentada, e outras pessoas aprendem com seus erros.

Esta é uma das coisas que acho fascinante no Chris: ele não ensina como fazer certo; em vez disso, ele ensina como não errar da maneira como ele errou. Quando somos curados, podemos nos expor às pessoas, e elas podem aprender com nosso erro. Tenho aprendido com os erros do Chris, e também com seus acertos (por mais que ele ainda ache que não acerte). Este livro é inspirado em erros que se transformaram em acertos.

Poderia resumir a vida do Chris com uma famosa frase, provavelmente de John Newton: "Não sou ainda o que gostaria de ser, mas olho para trás e dou graças a Deus porque não sou mais o que eu era antes. Hoje eu sou melhor do que ontem, e amanhã serei melhor do que hoje". Essa é também minha oração em favor de cada um que se aproximar das páginas deste livro, buscando mudança e intimidade com o Espírito em mais uma área de sua vida.

PASTOR RODRIGO BRASSOLOTO

Prefácio

Ao longo dos últimos vinte anos tenho exercido a minha vocação, prioritariamente por meio do aconselhamento pastoral, acolhendo homens e mulheres de todas as idades em busca de ajuda para lidar com suas lutas nas mais diversas áreas da vida. Dificuldades financeiras são a principal razão pela qual grande parte dessas pessoas tem buscado ajuda e, no caso de muitas outras, elas são parte importante do problema.

Tenho observado, com profunda tristeza, quão pesadas, angustiantes e devastadoras podem ser as consequências do descontrole financeiro para uma pessoa, um casal, uma família, afetando, muitas vezes, todas as demais áreas e relacionamentos. Ainda pior é perceber quantos gatilhos, quantas armadilhas da maneira como nossa sociedade está (des)estruturada, dos valores materialistas cada vez mais profundamente incutidos na nossa cultura, da mentalidade consumista predominante em nossa geração, conspiram para que um número cada vez maior de famílias esteja vivendo constantemente à beira do abismo, exposto ao risco da avalanche do endividamento.

Por outro lado, tão profunda quanto a tristeza mencionada acima, e ainda mais marcante, tem sido a alegria tantas vezes por mim experienciada em virtude do privilégio de acompanhar e ver de perto pessoas buscando ajuda com seriedade, enfrentando com responsabilidade, coragem e fé seus problemas financeiros, retomando o controle e recuperando sua qualidade de vida. Muitas delas têm conseguido isso colocando em prática princípios que você encontrará em *Na riqueza e na pobreza: o que fazer quando as contas não fecham.*

O livro que você tem agora em mãos foi escrito por um homem que leva muito a sério a sua decisão de honrar a Deus com o seu viver. Sim, este é o meu testemunho a respeito do Christovam Bluhm Jr., baseado em nosso relacionamento pessoal de amizade e parceria no Reino de Deus. Tenho sido impactado pela vida dele desde o dia em que, iniciando sua caminhada de seguidor de Jesus de Nazaré, me procurou para compartilhar seus dilemas, oriundos da convicção de que seu compromisso com o evangelho exigia uma revisão do seu jeito de ser publicitário e, especialmente, do seu jeito de influenciar futuros profissionais da área, em sua atuação como professor universitário.

Lembro-me também, com muita gratidão a Deus, do dia em que o Chris, ainda enfrentando os difíceis desdobramentos de sua própria crise financeira, me disse que estava disponível para compartilhar com quem precisasse as lições que estava aprendendo a tão duras penas — sim, o livro que você tem agora em mãos foi escrito por um homem que sabe muito bem do que está falando, porque escreve em primeiro lugar a partir de sua própria experiência. Não demorei e não parei mais de pedir a sua ajuda para orientar pessoas que precisavam organizar suas finanças pessoais. Desde então não tenho ideia de quantas famílias Deus já abençoou por meio de seu testemunho compartilhado, seja em atendimentos pessoais, seja em palestras nos mais diversos tipos de eventos.

Estou certo de que este livro, que acabei de ler, poderá ajudá-lo a trilhar um caminho abençoado e saudável na direção de uma qualidade de vida financeira que talvez você já não conseguisse sequer crer que fosse possível. E esta é a minha oração.

Boa leitura!
Cláudio Manhães

Quanto dinheiro sua família já gastou hoje?

Resposta: R$ _____

Se você multiplicar esse valor por trinta, isso **caberá no seu orçamento** mensal?

Espero que essas duas perguntas o tenham pegado de surpresa. Espero mais ainda que você tenha a resposta na ponta da língua. Se não tem, espero de coração que tenha procurado ter. Porém, apesar de todas as minhas expectativas, sou levado a crer que a maioria dos meus leitores, assim como as pessoas que encontro nas palestras e cursos, talvez tenham respondido: "Não faço a menor ideia", no caso da primeira pergunta. A resposta da segunda pergunta é ainda pior: "Sempre acaba o mês faltando dinheiro".

É muito comum que a maioria de nós tenha na ponta da língua o valor que ganha por mês. Em geral, são somente duas entradas mensais para quem tem um salário regular; para um profissional autônomo ou empresário, trata-se da média de seus ganhos. Mas vejo um grande descuido em saber como se gastou esse salário adquirido com tanto suor. Como o controle de despesas é mal feito no nosso dia a dia!

Comecei com essa provocação, pois é no controle e na sabedoria dos gastos que está a riqueza! Se você gravar esse conceito em seu coração, tenho certeza de que sua vida financeira começará a mudar nesse momento.

Eu mesmo já fiz parte desse grupo de descontrole. Atualmente, minha tranquilidade sobre o assunto se dá não pelo fato de ter pouco ou muito, mas por saber o que vai acontecer comigo mês a mês, e decidir, de forma muito sábia, o que posso ou não fazer com os recursos que Deus me emprestou e me incumbiu de gerir.

Mesmo com todo esse otimismo, não posso deixar de lamentar o fato de finanças ser um assunto maltratado na vida pessoal, conjugal, profissional e espiritual de muitos.

Creio que o primeiro grande desentendimento a respeito de finanças é ignorarmos que toda a nossa história de vida passa por isso. Talvez estejamos mais atentos aos grandes gastos: a casa, o carro, o financiamento, a faculdade, a festa de formatura, a festa de casamento. Mas as coisas pequenas da vida também passam pelas finanças. E muitas coisas pequenas, quando se juntam, tornam-se um grande gasto. Como dizem por aí, "não existe almoço grátis", pois alguém pagou por ele. Este livro, por exemplo, lhe custou algum dinheiro. Se foi um presente, custou a alguém algum dinheiro. Pare um pouco a sua leitura e olhe todo o ambiente em que você está – escritório, sofá, sala, parque. O simples fato de estar aí, além de tudo que o cerca, custou algo, para você ou para alguém.

Praticamente tudo envolve dinheiro. O mundo capitalista envolve dinheiro, assim como o socialista. O modelo que a humanidade encontrou para gerir recursos na Terra envolve a utilização do dinheiro.

Quando ignoramos essa realidade, criamos mais problemas do que os evitamos. Alguns podem achar que não falar sobre dinheiro ou nem pensar sobre ele é a melhor forma de evitar os problemas, ou que o melhor é viver da ilusão de ser rico, ignorando o dinheiro. Mas estes são dois lados de uma mesma moeda: falta de responsabilidade para com um recurso que Deus designou.

Como você verá ao longo do livro, creio que o dinheiro vem de Deus, pois pertence a ele, e que é muito difícil, ou quase impossível, fazer uma gestão sábia e equilibrada desse recurso sem se pautar pelos princípios que estão registrados na palavra de Deus. Creio que a Bíblia não é um livro, é um guia de vida. Muitos amigos a chamam de "manual do Fabricante".

Foi neste "manual" que encontrei forças para superar uma grande crise que vivenciei em minha jornada empresarial e que despertou em mim um olhar atento para os números e a gestão de recursos.

Em setembro de 2011, negligenciei as finanças da empresa em que era sócio. Embora houvesse pessoas responsáveis para fazer o controle financeiro, eu, como gestor, deveria estar mais atento. Puxei relatórios mais simples, com pouca profundidade, e concluía mês a mês que o saldo era positivo.

Só que, um dia, descobri que, na verdade, ele era inversamente negativo.

Na manhã seguinte à descoberta, tive de reunir a equipe de colaboradores e desligar metade deles. Criei um problema não só para mim, mas para algumas famílias. Foi um dos piores dias sobre o tema. Levei um ano para recuperar a empresa financeiramente. O que descobri, ao final, é que com muita disciplina, visão projetada e atenção aos recursos emprestados por Deus, a prosperidade se torna real, e não uma oração vazia.

O que compartilho com você e sua família ao longo deste livro foram as lições práticas e espirituais que a reflexão sobre finanças me proporcionou nessa jornada.

Por outro lado, fui também encorajado pela graça de Deus, que superabundou em todo o meu processo de recuperação financeira, a ponto de produzir na minha vida um ministério de atendimento às pessoas em situação financeira crítica. Descobri que todos os cenários podem ser revertidos, mas isso exige dedicação, vontade, disciplina e fé. Deus não irá fazer por você o que você não se movimentar para de fato mudar. Fé é ação com oração! No caso de finanças essa ação precisa movimentar todos os envolvidos.

Parte do meu ministério de educador financeiro envolve muitas frentes de atuação, como atendimento a casais, educação financeira para noivos, palestras sobre o tema em igrejas, entre muitas outras oportunidades. O conteúdo de todas essas frentes formou a base deste livro.

Dos atendimentos que já prestei a diversas pessoas, notei que o cristão, em especial, se sente em pecado quando está devendo. Como em tantos outros casos, Satanás (que aqui no livro retrato muito como devorador) se vale da situação para semear rancor entre as pessoas, pensamentos de opressão e mentiras a respeito das promessas de Deus. Por isso, acredito que cuidar das finanças — na riqueza, na pobreza ou na "incerteza" de sua condição financeira — e *simultaneamente* confiar na presença de Deus sobre nossas ações são fatores decisivos para se ter não apenas uma vida financeira equilibrada, mas também leveza em todas as áreas da nossa existência, principalmente em casa.

Digo "principalmente em casa" porque ela é o lugar mais importante da nossa vida. É nela que estão os nossos relacionamentos mais valiosos. Casa e família são nossos pilares de sustentação. Quando ignoramos a influência que as questões financeiras exercem em nosso lar e casamento, estamos deixando a porta escancarada para os mais diversos tipos de problemas e mal-entendidos. Eles começam na área financeira, mas se alastram rapidamente para todas as outras esferas do relacionamento familiar, conjugal e até profissional, como labaredas sobre um pasto seco.

Espero que você não fique assustado de novo quando eu lhe perguntar "Quanto dinheiro sua família já gastou hoje?". Mais do que isso, espero que, além de saber quanto, você também saiba o *porquê*, o *para que* e como tudo isso é importante para vocês atravessarem a vida juntos, na riqueza e na pobreza, fortalecidos!

Um superabraço,
Chris Bluhm

1
Por que falar de **dinheiro** em **casa**?

Quantas vezes você ou sua família **precisaram de dinheiro** para realizar suas **atividades** *hoje*?

Não há como viver em conjunto — seja na família, na empresa, na sociedade — sem falar de organização de despesas. Momentos simples da vida envolvem conversas e decisões sobre finanças. Por exemplo: a festa de fim de ano com amigos e parentes requer organizar quem vai levar o que; na mesa do restaurante, temos de decidir como fazer a divisão da conta. Por que fazemos isso fora de casa, mas tratamos pouco disso dentro de casa?

Analise a pergunta que abre este capítulo. Como você a responderia? Para mim, precisamos de dinheiro o tempo todo. Todas as nossas atividades envolvem o emprego de recursos financeiros. Inclusive nossa vida espiritual.

Jesus deu aos seus discípulos uma série de ensinamentos sobre o céu, a vida piedosa, o amor ao próximo e outros assuntos espirituais

18 NA RIQUEZA E NA POBREZA

para mostrar como deve ser a vida com o Pai. Porém, junto a esses ensinamentos espirituais, Jesus também ensinou sobre bens "materiais". Aliás, esses ensinos sobre dinheiro não foram apenas menções – ele falou mais a respeito disso do que sobre coisas como vida eterna ou oração.

Se você ficou chocado ou escandalizado com essa informação, vou lhe dar um tempo para que se recupere. Enquanto isso, dê uma olhada nestes números:

- Há 31.104 versículos na Bíblia,[1] sendo que **2.350** deles (ou seja, **7,5%** dos versos) falam de dinheiro e posses, enquanto há apenas 500 que falam de oração e fé.[2]
- Dos **915** versos que compõem o livro Provérbios, **101** deles (isto é, **11%**) são sobre riquezas ou sobre a supremacia da sabedoria em relação às riquezas.[3]
- Cerca de **10%** dos versículos dos evangelhos (totalizando 288 versos) falam sobre dinheiro.[4]
- Dos **107** versículos proferidos por Jesus no Sermão do Monte (Mateus 5–7), **28** deles (ou seja, 26% – é muita coisa!) se referem a dinheiro.[5]

Isso mostra que o gerenciamento do dinheiro é algo que está no radar de Deus, e que nossa espiritualidade vai ser desafiada pelo dinheiro. Aliás, com base no tanto que a Bíblia trata de riquezas e bens, podemos até concluir que nossa forma de abordar o assunto e administrá-lo efetivamente diz muito sobre nossa espiritualidade.

Engana-se quem acha que os ensinos bíblicos acerca de dinheiro se resumem a dízimo e generosidade. Veremos que isso é, sim, importante, mas que se trata apenas de uma parte de tudo o que a Bíblia nos ensina quanto à responsabilidade para com esse recurso que Deus nos dá. Há dezenas de outros princípios. Ao mesmo tempo que nos estimula à generosidade (Provérbios 22:9), a Bíblia diz que não é sábio se colocar como fiador de outras pessoas, empenhando seus bens em favor de terceiros (Provérbios 6:1; 11:15; 17:18; 20:16; 22:26; 27:13). Ao mesmo tempo que nos exorta a repartir os bens com os pobres (Provérbios 31:20; Gálatas 2:10; Efésios 4:28), ela também diz que devemos cuidar primeiro das pessoas de nossa casa (1Timóteo 5:8).

Na minha opinião, as palavras que resumem todos os ensinos bíblicos acerca de dinheiro não são *generosidade* nem *dízimo*, mas *administração* e *fidelidade*, ou seja, lidar com sabedoria e responsabilidade com o que foi nos emprestado por Deus.

"MAS EU NEM SOU RICO!"

Quando falo em riquezas, não me refiro a posses, imóveis, terrenos e uma poupança gorda. Riquezas são um recurso que pertence a Deus, mas o qual ele nos dá para ser gerido em prol dos interesses dele. Assim, se você recebe um salário ou é capaz de gerar uma renda, você produz riqueza e tem o dever de administrá-la, a despeito do valor.

ASSIM NA TERRA COMO NO CÉU

Uma coisa é fato: dinheiro só é importante para esta vida. Aqui se ganha, aqui se gasta e nada levaremos. No céu não vai ter dinheiro. Na verdade, lemos na Bíblia que o céu é ricamente adornado com pérolas, pedras preciosas e ouro. Lá, essas coisas não ficam trancafiadas em cofres; elas estão literalmente na rua: "Vi a Cidade Santa, a nova Jerusalém, que descia dos céus, da parte de Deus, preparada como uma noiva adornada para o seu marido. As doze portas eram doze pérolas, cada porta feita de uma única pérola. A rua principal da cidade era de ouro puro, como vidro transparente" (Apocalipse 21:2,21).

Reparou em qual é utilidade do ouro no céu? Pavimentar uma avenida.

Usamos o termo "rua" para falar de algo que está fora de nossos cuidados e que possui menos valor. Nela, você pode se contaminar com o mundo. Não é assim apenas hoje; na cultura de Jesus, rua também era sinônimo de impurezas. Por isso se lavavam os pés de quem entrava numa casa, tendo vindo da rua. Este era um serviço sórdido, desempenhado pelo escravo menos digno da casa. Por esta razão, os discípulos ficaram escandalizados quando Jesus se curvou para lhes lavar os pés na última ceia, dando ali uma grande lição de humildade (João 13:3-12).

Não importa, a rua é um lugar de menor valor, em qualquer época e cultura. Mas se a rua é algo tão ordinário, por que no céu ela é feita de ouro?

Porque ela está a serviço de algo ainda mais precioso: pessoas compradas não a peso de ouro nem prata, mas pelo sangue de Jesus (1Pedro 1:18). O ouro que cobre o chão celestial revela que o que há de mais importante para o Senhor são as vidas humanas que ele resgatou e que, na Terra, valem mais do que os tesouros que podemos reunir. Todos os ricos detalhes que enfeitam a Cidade Santa em Apocalipse não se comparam à glória do Senhor que enche todo o céu e transborda pela vida de seus filhos (Apocalipse 15:8; 21:11,23; Romanos 8:18-21).

O padrão do céu certamente perverte os padrões da Terra. É praticamente o contrário do que se vive aqui. No entanto, como cidadãos desse Reino celeste, como pessoas que estão peregrinando neste mundo até chegarem à sua verdadeira casa, precisamos viver *aqui* segundo os padrões de Deus, por mais estranhos que pareçam à nossa sociedade.

Jesus ensinou seus discípulos a desejarem e pedirem que os padrões do céu sejam vividos na Terra. Ele falou disso claramente no modelo de oração conhecido como "Pai-nosso". O terceiro pedido dessa oração diz: "Seja feita a sua vontade assim na terra como no céu" (Mateus 6:10).

Pois bem, a vontade de Deus no céu é que o ouro sirva às pessoas. É assim que você quer viver na Terra, *como no céu*?

Achamos que viver o céu na Terra é estar cercado por uma atmosfera de amor, paz e harmonia. Isso é muito pouco. Tem muito mais a ver com aplicar em nosso dia a dia os princípios de Deus, que vigoram absolutos no céu, dando assim menos importância para riquezas materiais.

Claro que não é fácil. Todo o nosso sistema social está envolto pelo capitalismo, que tem o foco no dinheiro. Uma luta grande que temos de vencer pela fé.

Que importância você tem dado às **questões materiais**? E qual tem sido o cuidado que você dispensa a **pessoas**? Você dedica mais atenção a elas que ao seu **carro novo**?

Essa questão me levou a duas indagações.

1. Que *valor* você dá às riquezas?	2. Como você *administra* as riquezas?
É segundo a medida do céu que você tem medido as riquezas que produz na Terra? Certamente nossa vida e nossa espiritualidade passam pelo dinheiro, mas ele não pode ter mais valor que as pessoas que nos rodeiam, pois é assim que funciona no céu. Precisamos nos tranquilizar quanto a isso, e aprender que o valor que Deus dá às coisas não é o mesmo que nós damos. Assim, a que coisas você tem atribuído valor em seu casamento e em sua casa? No céu, essas coisas também são valiosas?	Como seria se Jesus administrasse as riquezas do mundo *do mesmo jeito que você* administra seus recursos? Ele saberia onde cada centavo foi aplicado ou misteriosamente, entre o meio e o fim do mês, o dinheiro iria desaparecer da face da Terra, sem ninguém saber onde ele foi parar? Pode parecer surreal. Porém, se você e eu somos Corpo de Cristo, então, de certa forma, são as mãos de Jesus que estão administrando as riquezas que caem em *nossas* mãos. A questão é se nossas mãos estão seguindo os valores do Cabeça, que é Cristo.

O CRISTÃO NÃO PRECISA DAR VALOR AO DINHEIRO?

Já ouvi esse questionamento inúmeras vezes, e acredito ser um grande erro religioso menosprezar o dinheiro. Há muito ruído entre as várias interpretações sobre o tema, tendo num extremo a teologia de prosperidade e, no outro, a teologia da pobreza. Que confusão. Qual delas está certa?

Já encontrei cristãos que têm medo e vergonha de ganhar dinheiro. A vergonha de ganhar dinheiro pode estar relacionada à forma como você agiria se tivesse muito. Precisamos repensar nossas crenças sobre este tema recheado de mitos, e às vezes malconduzido durante diversas fases da vida.

Entre os dois extremos do relacionamento com o dinheiro, sugiro que jamais se descuide dele. Jamais despreze o cuidado, a administração dos recursos financeiros. Reflita sobre este assunto relendo a Parábola dos talentos em Mateus 25:14-30.

DINHEIRO FAZ PARTE DA SUA CASA

Acho quase impossível dissociar finanças da vida familiar e do relacionamento conjugal porque, como já falamos, toda a nossa vida, inclusive nossa espiritualidade, passa por finanças. É uma pena que a maioria dos casais ignore isso e acredite que comunicação e criação de filhos são tudo de que precisa saber para ter um casamento legal. Mas quando saímos da teoria e olhamos para o dia a dia do casamento na prática, vemos o quanto ele está relacionado ao uso que fazemos do dinheiro.

Quer ver só? Pense aí na celebração do seu casamento. Teve festa? Se sim, nem preciso lembrar como o dinheiro foi importante nessa ocasião. Se não houve festa, vocês fizeram uma cerimônia religiosa?

Gastaram com flores, com roupas? Com cabeleireiro? Com um bolinho para a recepção? Se não gastaram com nada disso, tiveram de, pelo menos, pagar o cartório para registrar a união de vocês. Seja como for, tenho bastante certeza de que você deve ter celebrado e dividido esse momento com pessoas queridas.

O casal é convidado a pensar em suas finanças em todo o processo do casamento. No cartório, você foi obrigado a decidir como seria a comunhão de bens com seu cônjuge. Se você se casou em uma igreja, em algum momento foi provocado pelos votos nupciais (mesmo que não os tenha declarado no altar), os quais mencionam um casamento sólido, que não será separado na alegria e na tristeza, na saúde e na doença, *na riqueza e na pobreza*. Essas são as forças da aliança do casamento. No entanto, mesmo que o assunto da divisão e união de recursos esteja presente o tempo todo durante o processo do matrimônio, quando ele precisa ser discutido em casa, parece que surge um abismo entre o casal, que nunca chega a um consenso.

Dinheiro faz parte da vida, quer você admita, quer não. Seu casamento NUNCA estará "livre" do dinheiro. Não adianta fazer de conta que isso não o atinge, ou achar que pessoas espirituais de verdade jamais pensam em dinheiro. O detalhe é que, quanto antes reconhecer isso, melhor será para você, para sua vida espiritual, para sua família, para sua igreja e para o mundo.

Se nunca pensou nisso e está considerando essa realidade, talvez esteja pensando: "Ok, como faço para tratar disso lá em casa?". Boa pergunta. Este livro é para você, que logo verá que a gestão do dinheiro na sua casa não precisa ser um bicho de sete cabeças.

Se você já faz parte do grupo de pessoas que acordou para o fato de que o dinheiro está em tudo, talvez pense: "Ótimo, Chris, mas quem precisa saber disso é o meu cônjuge, que nunca está a fim de organizar nossas finanças". Se for seu caso, este livro também é para você, e aprenderemos juntos como incluir as finanças no dia a dia de toda a família.

Se não está em nenhum desses dois grupos, ainda assim este livro é para você, porque certamente finanças fazem parte da sua vida, e você não sairá perdendo em nada se aprender como administrar com sabedoria suas finanças, as quais certamente irão refletir em outras áreas da vida.

CALMA, AINDA NÃO É A HORA DE FAZER CONTAS

A razão pela qual vou adiar um pouco a parte prática é que novas metas e atitudes — novas planilhas e novos métodos de controle financeiro — nunca se tornarão parte da sua vida enquanto não houver mudança em seus valores e princípios pessoais. Você só vai conseguir mudar um comportamento quando essa mudança for sustentada por uma crença que está enraizada no mais profundo do seu coração.

Por exemplo, as pessoas só deixam de consumir certos alimentos (ou seja, adotam um novo comportamento) quando acreditam de coração que tais alimentos são nocivos para sua saúde e, em longo prazo, podem até matá-las. Elas entendem que permanecer vivo em longo prazo é mais importante do que ter o prazer momentâneo de comer certas coisas.

O mesmo acontece com finanças em casal: seu cônjuge e você só conseguirão adotar um novo modelo de gestão financeira (ou seja, um novo comportamento) quando seus valores pessoais indicarem que isso é prioridade para sua vida. Espero conseguir lhe demonstrar a importância desse controle financeiro ao longo do livro, antes de chegar à parte prática.

COMO LIDAR COM FINANÇAS ATÉ QUE A MORTE OS SEPARE (E SEM COMETER ASSASSINATO)

Uma das palestras sobre finanças que ministro para noivos se chama "Até que as dívidas nos separem". Um monte de gente não gosta do título, acha muito agressivo. Eu brinco, dizendo aos noivos que se eles estão dispostos a subir no altar e jurar que permanecerão juntos e fiéis até que a morte os separe, têm de levar em conta que podem

POR QUE FALAR DE DINHEIRO EM CASA? **25**

"se matar" no meio do caminho por causa de finanças. Se isso acontecer – se um matar o outro por causa de dívidas e afins –, então "até que a morte nos separe" pode significar "até que a dívida nos separe".

Por isso, antes de ir para as planilhas e dar munição para que você e seu cônjuge matem um ao outro no processo, vamos ver primeiramente alguns princípios bíblicos que nos orientam a nos manter vivos, unidos e casados, mesmo em caso de dívidas.

Foi Deus quem estabeleceu como o casal deve interagir e viver em conjunto. Os três princípios que vou apresentar agora são as bases bíblicas que, para mim, regulamentam e sustentam o casamento, mas que também estão por debaixo das finanças do casal.

Princípio 1: o casamento é uma conta diferente

A primeira certidão de casamento da história está registrada em Gênesis 2. Deus celebrou a união e publicou o registro no seu Diário Oficial Universal, que é a Bíblia. Ele fez assim não apenas para que o mundo inteiro soubesse como aconteceu a primeira cerimônia, mas também para que as pessoas seguissem os mesmos princípios que fixou na qualidade de Criador e Celebrante do casamento.

Deus criou o homem, Adão, depois de já ter criado todas as coisas. Mas Adão estava sozinho, e sua solidão não pareceu boa aos olhos do Senhor (Gênesis 2:4-18). Então Deus continuou seu trabalho de criação e formou também uma companheira para o homem. Essa obra foi tão incrível que despertou em Adão um sentimento de contemplação e cuidado: "Esta, sim, é osso dos meus ossos e carne da minha carne! Ela será chamada mulher, porque do homem foi tirada" (Gênesis 2:23). Se você é casado, creio que visualizou em seu cônjuge esse complemento de vida. *De vida!* Vale a pena lutar por algo de tamanho valor, preparado por Deus desde a criação como a condição ideal para a vida do casal.

Deixemos para os teólogos as discussões mais detalhadas a respeito da criação do ser humano. Vamos nos concentrar na conclusão que Moisés, escritor do texto, registrou em Gênesis 2:24, um verso importantíssimo que serve de base para todos os casamentos:

26 NA RIQUEZA E NA POBREZA

"Por essa razão, o homem deixará pai e mãe e se unirá à sua mulher, e eles se tornarão uma só carne".

Ser uma só carne para Adão e Eva não era um mandamento espiritual ou um jargão do casamento bíblico. Eles haviam sido *literalmente* uma só carne, de um jeito muito mais palpável e real do que jamais será para nós. Eles eram uma só carne antes de se casarem; "por essa razão", depois de se *re*-unirem no casamento, "se tornarão uma só carne". A maneira come o casal foi criado e reunido salienta a importância de não serem mais "um" ou "outro", mas "só um com o outro". O casal é formado para que, juntos, conquistem a vida e cuidem do que for necessário.

Se nós, em nosso casamento, não passamos pela experiência de Adão e Eva, a de ser literalmente uma só carne, o que podemos fazer para viver isso em nossa relação conjugal? Devemos nos esforçar para *criar* esse sentido em nossa relação. Nosso objetivo diário deve ser o de aproximar o seu e o meu casamento desse nível de união que existiu entre Adão e Eva. Todas as atitudes e decisões devem caminhar nessa direção. Inclusive nossas atitudes e decisões financeiras.

Nas consultorias que presto, vejo que muitas das brigas sobre o tema se dão pela frustração de uma das partes com o outro, que gasta demais ou que não se importa com o planejamento familiar. Enfim, sempre a culpa é do outro. Em nenhum desses atendimentos vi casais unidos na gestão do orçamento doméstico, querendo saber como podem se apoiar. Sempre vejo suposições e acusações em vez de fatos.

Então, a primeira tarefa do casal é fazer as contas juntos. No primeiro momento em que um casal se senta para fazer o orçamento doméstico, algumas situações indigestas aparecem. Porém, quando se colocam um no lugar do outro (ou seja, quando têm empatia), é impressionante como a paz passa a ser trabalhada e experimentada. Alguns participantes de meus cursos mencionaram que foi um milagre quando conseguiram se acertar nas finanças. Pode até ser um milagre. Mas bem antes desse milagre, Deus já havia feito outro milagre que, para mim, é muito maior: unir duas pessoas bem diferentes, cheias de sonhos e crenças individuais, numa única caminhada. Desta forma, mesmo com suas individualidades, você e seu cônjuge podem se acertar em relação às finanças e viver as bênçãos já derramadas — as quais, por nossas atitudes, acabamos perdendo ou tardando em receber.

para refletir em casal

- Suas escolhas financeiras os têm ajudado ou atrapalhado nesse objetivo de serem uma só carne?
- Vocês estão em comum acordo sobre como lidar com o dinheiro do casal?

Princípio 2: o casamento é uma representação da Igreja em sua casa

O texto de Gênesis 2:24 é citado duas vezes no Novo Testamento. Uma dessas citações é feita pelo apóstolo Paulo na carta aos Efésios (Efésios 5:22-33). Ele estava ensinando aqueles irmãos sobre como deveria ser o casamento cristão numa cultura com valores muito diferentes dos princípios de Deus.

Porém, Paulo não apenas cita o verso de Gênesis 2:24, como também faz uma aplicação espetacular. Guiado pelo Espírito Santo, Paulo revela que "ser uma só carne" não diz respeito apenas ao relacionamento entre marido e mulher, mas representa o relacionamento de Cristo com sua Noiva, a Igreja.

Isso é uma novidade que, até o momento, ninguém sabia. O "ser uma só carne" entre marido e mulher aponta para a unidade que há entre Jesus e a Igreja, na qual Cristo habita na Igreja e a Igreja habita em Cristo. Isso não foi claramente revelado no dia da criação do casamento, com Adão e Eva, mas a ideia já estava lá. Com a vinda de Jesus, a união entre marido e mulher ganha um novo propósito: ser um retrato da aliança de Cristo com a Igreja.[6]

Na prática, o que isso significa? Pense aí nas coisas às quais tivemos acesso apenas por causa de nossa união com Cristo:

- Esta união lhe garantiu receber de Deus todas as coisas que pertencem a Jesus (Romanos 8:32).
- Essa união também fez com que Cristo recebesse os castigos destinados a você (1Pedro 2:24).
- O resultado disso é que a morte de Cristo é a sua morte, e a vida de Cristo é a sua vida, e vice-versa, como escreveu Paulo: "Fui crucificado com Cristo. Assim, já não sou eu quem vive, mas Cristo vive em mim. A vida que agora vivo no corpo, vivo-a pela fé no filho de Deus, que me amou e se entregou por mim" (Gálatas 2:20).

Seu desafio é viver isso de maneira intencional no casamento, representando em todas as áreas de seu relacionamento conjugal o amor e a união entre Cristo e a Igreja. Inclusive em sua vida financeira.

para refletir em casal

- As finanças em seu casamento apontam para o sacrifício, a submissão, a abnegação, o perdão, a responsabilidade e o amor que marcam a relação de Cristo com a Igreja?
- Que tipo de igreja vocês querem edificar através de seu lar?

UMA SÓ CARNE TAMBÉM NA PLANILHA!

Ser uma só carne não é a verdade apenas a respeito do casamento de Adão e Eva, mas em qualquer casamento (sim, o seu também).

Gênesis 2:24 diz que "o homem deixará pai e mãe". Interpreto esse momento de sair de casa e constituir sua própria família como a plenitude da decisão e do compromisso que um faz em função do outro.

Trata-se de uma nova vida sem a dependência — e talvez a segurança — que existia na casa dos pais, os nossos primeiros provedores. Cabe ao homem e à mulher buscarem juntos o sustento necessário para o novo núcleo que formam, somando-se, unindo-se em uma só carne.

Nesse momento muitos me perguntam: "Então temos de ter uma conta só? Devo dar ou dividir todo o meu ganho com meu cônjuge?".

Essas questões não têm resposta padrão. E na verdade, a questão de ter ou não uma conta conjunta é só um detalhe mínimo. O princípio que está na base da resposta a essa e outras perguntas de ordem prática é: sejam primeiramente uma só carne. Somente vivendo isso de verdade é que cada casal encontrará seu ponto de equilíbrio na divisão das despesas da casa.

De maneira prática, ser uma só carne financeiramente é ter uma planilha única, uma visão única de todas as despesas da casa — individuais ou conjuntas. Lembre-se de que finanças não são só gastos, elas incluem os sonhos. A maioria deles envolve recursos. Por isso, eles devem ser pensados e planejados em conjunto. Se minha esposa e eu sonhamos sem acordo, sem conversa nem planejamento, e cada um faz sua própria oração, a quem Deus deve atender? Por isso, reforço a união em uma só planilha para se viver a plenitude do casamento.

Você encontrará um modelo dessa planilha no fim do livro e, na hora certa, aprenderá como utilizá-la. Por enquanto, assimile e busque viver intensamente a realidade de ser uma só carne na forma de enxergar as coisas, de cuidar um do outro, de definir o que é importante.

Princípio 3: o casamento é inseparável (também nas contas)

A outra vez que Gênesis 2:24 aparece no Novo Testamento é nos lábios de Jesus. Além de citar o texto, o Mestre, com toda a autoridade que possui, acrescenta uma determinação: "O que Deus uniu, ninguém separe" (Mateus 19:6).

Não é apenas o divórcio que separa marido e mulher. Tenho visto, ano após ano, que, embora alguns casais vivam juntos, na prática estão distantes e isolados, perdendo a plenitude de serem uma só carne. Finanças mal resolvidas têm emudecido casais e os levado a separar o que Deus uniu.

A dívida pode separar, a ganância também. O excesso de controle pode separar, a falta de controle também. A ausência de sonhos e objetivos em comum, de responsabilidade compartilhada também pode separar um casal. Não é que essas coisas levarão o casal definitivamente ao divórcio, mas é certo que ele não estará unido de verdade enquanto houver qualquer coisa que o separe ou que conduza os cônjuges a direções opostas.

Algumas pesquisas recentes têm mostrado que 48% dos casais brigam por causa de dinheiro, principalmente em relação a gastos excessivos do cônjuge e discordância entre prioridades.[7] O assunto finanças, atualmente, é um dos cinco principais motivos de divórcio no Brasil.[8] Com base nesses dados e na minha experiência, acredito que conversar sobre o assunto é o melhor remédio. No capítulo 3 você verá quais são os perigos que seu casamento corre quando pensamentos diferentes em relação ao dinheiro não são conversados e acolhidos. Não faz sentido permitir que nada, nem dinheiro, seja motivo de discórdia e desunião entre aquilo que o Senhor uniu.

para
refletir em

casal

- Seu cônjuge e você têm usado o dinheiro para uni-los, ou têm permitido que os recursos os separem?

Vamos voltar ao começo da nossa conversa: como lidar com finanças em casa sem cometer um assassinato? Para mim a resposta não pode ser outra a não ser: *vivendo como uma só carne*. Financeiramente falando, isso significa ter uma só planilha, isto é, tornar claro para ambos cada detalhe da gestão dos recursos. Isso inclui o momento de sonhar, as formas de ganhar renda e as decisões práticas no dia a dia do casal.

Não tem outro jeito. Na verdade, existem sim outras formas, mas são, para mim, incompatíveis com o que a Bíblia ensina, e nem sempre trazem a paz almejada para a relação. Não estou falando de anulação ou individualismo, assuntos muito em voga. Estou falando de o casal saber para onde olhar e, assim, estabelecer acordos para viver em paz. Ser uma só carne implica que existe uma só responsabilidade, um só controle, um só planejamento, um só gasto. Essa é a base da planilha H2O que você conhecerá no próximo capítulo. E também é a base de toda a discussão das finanças no casamento.

UMA ORDEM PARA OS DOIS: TRABALHEM JUNTOS

Parece desafiador demais? Concordo que não é fácil viver assim, nessa unidade de ser uma só planilha. Sempre haverá épocas de fartura e de escassez. Às vezes, um irá ganhar mais que o outro, ou apenas um dos dois terá uma fonte de renda para o lar. Porém, se há visão plena de ser uma só carne, a questão não é o que o outro faz e o que eu faço, mas o quanto nós vamos caminhar juntos e nos apoiar como casal e família.

Talvez, se você nunca praticou o *ser uma só carne financeiramente*, este possa parecer um ideal distante e dificílimo, mas temos de confiar que esta é a vontade de Deus para nós desde a criação. O Senhor nos criou para a vida em comunidade. Ele disse: "Não é bom que o homem esteja só" (Gênesis 2:18), e assim provisionou para que o primeiro homem tivesse uma esposa e, juntos, povoassem a terra e governassem a criação (Gênesis 1:28).

Como Adão, Eva e todos os seus descendentes iriam fazer para governar a criação? Fariam isso por meio do trabalho. Quando Deus criou o trabalho, não era para o ser humano se sustentar, mas para atuar no mundo gerando conhecimento, ciência, riqueza, progresso, metodologia e muito mais.

32   NA RIQUEZA E NA POBREZA

Não é raro as pessoas associarem o trabalho ao pecado, achando que trabalhar foi uma punição que o homem recebeu depois que pecou. Nada disso. O trabalho veio antes do pecado: "O Senhor Deus colocou o homem no jardim do Éden para cuidar dele e cultivá-lo" (Gênesis 2:15). Ou seja, existia trabalho no Paraíso. Não era sombra e água fresca o tempo todo. O que não existia era o salário, ou seja, a necessidade de trabalhar para se sustentar. O alimento vinha de Deus livremente (Gênesis 1:29-30; 2:15); aliás, a comida já estava provida para Adão antes mesmo de ele cultivar a terra.

Um outro momento em que o Senhor fica bravo com o homem por não trabalhar é na Parábola dos talentos (você já deve ter notado que gosto muito dessa parábola), quando o empregado que não trabalhou foi severamente punido (Mateus 25:24-30).

Muitas vezes, quando saio de férias ou passo um tempo no campo ou praia, em contato com a natureza, sinto-me mais leve, mais perto de como a Bíblia descreve o Paraíso. Nesses momentos, não quero voltar para minha rotina. Preferia ficar ali e obter o sustento necessário para minha família cultivando a terra e cuidando de animais. Há um certo resgate interno do trabalho inicial da criação. Por mais árduo que esse tipo de trabalho possa parecer, tenho a impressão de que faz mais sentido do que muitos trabalhos que já realizei na vida.

Como saímos do trabalho pessoal com a terra para as grandes corporações impessoais que nos empregam hoje?

A situação mudou quando o pecado entrou em cena. Foi aí que o trabalho passou a ser condição para o homem receber sustento, além do propósito inicial de gerir a criação: "Com o suor do seu rosto você comerá o seu pão" (Gênesis 3:19). O sustento continuou vindo de Deus, e funciona assim até hoje, pois todas as coisas boas vêm das mãos dele. Mas Deus estabeleceu que, para recebermos o alimento, temos de trabalhar (Números 18:31; Salmos 128:2; 2Tessalonicenses 3:10).

Assim, trabalhar nunca foi opcional, nem antes do pecado nem depois. Na verdade, o trabalho é uma das formas de refletir o Senhor, porque nosso Deus é um Deus que trabalha (Gênesis 2:2-3; Isaías 64:4; João 5:17). O curioso é que muitas pessoas hoje insistem em buscar formas de se sustentar, e até de resolver sua vida financeira, sem ter de trabalhar. Isso é um absurdo, e está totalmente fora do que Deus estabeleceu como bênção para a humanidade.

A importância e o propósito do trabalho são pontos que merecem atenção porque a cultura brasileira tem a tendência de ver o trabalho como um mal necessário, um meio para conquistar o que realmente se deseja. Com isso, tornou-se praxe em nossa cultura buscar sempre um jeito mais fácil de conseguir as coisas, ignorando o jeito que Deus determinou.

Pense por exemplo, em quantas pessoas você conhece ou já viu na mídia (e espero que você não seja uma delas) que esperam ganhar uma bolada na loteria, ou receber uma herança milionária?

Esses desejos revelam o quanto nossos sonhos são distorcidos. Quando há prêmios acumulados na loteria, há filas enormes nas casas lotéricas, mas ninguém está feliz. Estão em busca de uma falsa esperança que lhes dê a felicidade que não têm, mas que não se esforçam por encontrar. Em uma premiação recente, houve apenas um ganhador entre mais de 143 milhões de apostas. Ou seja: 143 milhões de pessoas continuam frustradas e infelizes, buscando refúgio onde só há frustração.

Cuidado com a crença de que dinheiro fácil lhe trará felicidade. Corremos o risco de sermos infectados por esse pensamento de que o trabalho duro é um mal necessário, e assim nos vermos em condição de maldição aos olhos de Deus. O trabalho foi o meio que o Senhor criou para nos prover e nos realizar.

A Bíblia tem palavras pesadas para quem tem preguiça de trabalhar: "O preguiçoso deseja e nada consegue, mas os desejos do diligente são amplamente satisfeitos" (Provérbios 13:4). O sustento, o conforto para nossa família, a aposentadoria tranquila – tudo que planejamos e desejamos – só se concretizam com muito esforço. Deus exigiu uma atitude de nossa parte, e não nos entregará nada sem que nos esforcemos. Ele não nos dará "sorte" para ganhar dinheiro fácil. Se quisermos sua bênção, temos de trabalhar diligentemente.

PLANTAR E CEIFAR

Trabalhar é plantar e colher (Provérbios 10:4-5). As duas atividades são cansativas e exigentes, porém não tem comida na mesa sem semeadura e ceifa.

Muitos, porém, esperam encher a barriga antes da colheita, ou até mesmo sem semear. Não é isso o que acontece quando se gasta no cartão de crédito mais do que se ganha? Quem faz isso está contando com o ovo antes da galinha. O princípio é simples: trabalhe e depois coma, plante e depois colha. Assim, invista seu tempo em trabalhar e plantar, gaste suas ideias e faça planos de como plantar mais e como trabalhar melhor, em vez de desperdiçar suas energias torrando o dinheiro que ainda nem foi semeado.

Qual é o propósito do seu trabalho?

Nossos dilemas financeiros seriam bem menores se nossa preocupação com o trabalho fosse apenas a de nos sustentar, não é verdade? Temos muitos objetivos em mente quando buscamos trabalho, e poucos deles têm realmente a ver com o sustento. Trabalhamos muito, nos esforçamos muito, gastamos muito, pagamos muito, mas bem pouco desse "muito" tem realmente a ver com a sobrevivência propriamente dita.

O Senhor, então, nos pergunta: "Por que gastar dinheiro naquilo que não é pão, e o seu trabalho árduo naquilo que não satisfaz?" (Isaías 55:1). Em outras palavras: qual é o propósito do seu trabalho e da renda que você gera? Para que você trabalha? Para que quer o dinheiro do salário? Deus está repetindo a pergunta para nós, agora: "Por que gastar dinheiro naquilo que não é pão?".

O mundo atual já descobriu que trabalhar dever ir muito além do dinheiro. Sou professor universitário de pós-graduação em Administração e negócios, e fala-se muito em *trabalho com propósito*.

POR QUE FALAR DE DINHEIRO EM CASA?

Muitos autores defendem que se deve trabalhar no que se ama, e que o dinheiro é consequência. Isso foi ensinado por Deus há milhares de anos, e é uma bênção que isso esteja sendo reconhecido como verdade universal.

Se trabalhamos para ter coisas, para comprar coisas, estamos desrespeitando tanto nosso trabalho como as habilidades que o Senhor nos deu para desempenhar nossa profissão. Nossa profissão deveria ter como foco ajudar Deus com o cuidado da criação, colocando ordem nas coisas. Lembre-se de que o primeiro propósito do trabalho não é gerar sustento. Isso é secundário, foi uma cláusula que Deus adicionou ao trabalho depois do pecado. O trabalho, como foi estabelecido, é um reflexo do Criador. Veja o trabalho de Deus contemplando o natural. O pôr do sol é fantástico, é trabalho diário de Deus, organizando a criação. Por isso, respeite o que o Senhor colocou em suas mãos. Não murmure, mas faça o melhor possível em sua profissão, lembrando que você está imitando Deus quando trabalha.

Nosso trabalho também reflete a capacidade que Deus nos deu para transformar o mundo à nossa volta, criando cultura e conhecimento. Trabalhar é colocar em prática os talentos que o Senhor depositou em nós, os quais ele quer ver sendo usados para cuidar da criação, glorificá-lo e contribuir para o bem comum.

Muitas vezes, as pessoas olham o trabalho como meio para enriquecer, em vez de uma forma de exercer o potencial que o Senhor lhes deu. Fecham-se nelas mesmas, com obstinação cega, lutando pelo que mesmo? A Bíblia, porém, ao mesmo tempo que diz que as riquezas vêm com o trabalho duro (Provérbios 10:4), também adverte: "Não esgote suas forças tentando ficar rico; tenha bom senso! As riquezas desaparecem assim que você as contempla; elas criam asas e voam como águias pelo céu" (Provérbios 23:4-5). Sou fã de Provérbios! Leia e reflita sobre os diversos conselhos sábios que esse livro apresenta sobre trabalho e gestão de recursos financeiros.

De fato, se queremos ficar ricos licitamente, o trabalho é o único caminho viável. Mas Deus não criou o trabalho para enriquecer as pessoas. Ainda que sua profissão lhe permita gerar riqueza, não vá trabalhar com esse objetivo, que é uma bênção "colateral" para o trabalhador diligente. Não devemos cobiçar os recursos que recebemos de Deus, pois eles podem se tornar senhores sobre nós, como veremos mais adiante, no capítulo 4. O dinheiro é um desses recursos, e sua função primária na nossa vida é sustentar pessoas.

Em que consiste nosso sustento? Jesus fala de três coisas: comida, habitação e vestimenta (Mateus 6:25-34). Porém, o Mestre também deixou claro que quem nos dá isso é o Pai. Assim, podemos trabalhar insanamente, mas se Deus não mandar a chuva, não teremos o alimento (Atos 14:17). Se Deus não guardar a cidade, nossa habitação corre perigo (Salmos 127:1). E se Deus não nos conceder vida e saúde, de que valem as roupas (Lucas 12:22-25)?

Nossa relação com o trabalho deve ser equilibrada. Ele deve fazer parte da vida a fim de colocar para girar as habilidades que o Senhor nos deu, as quais trarão bênção para as pessoas e glórias para Deus. Também devemos trabalhar porque essa é a condição para receber o sustento. Mas o alimento, a proteção e as riquezas vêm das mãos do Pai, que os distribui de acordo com seus propósitos.

A CRISE DO TOMATE

Em 2018 houve várias crises no valor do tomate no Brasil. Um monte de gente, morrendo de medo de ficar sem tomate, correu aos supermercados e chegou a pagar cinco vezes mais pelo quilo. As pessoas estavam mais atormentadas pela falta de tomates do que por qualquer outra coisa.

Nessa época, estava ministrando um de meus cursos sobre finanças, e discuti com o grupo: se tudo é de Deus, se o tomate é de Deus, se ele já proveu que tenhamos não só tomate, mas também alface, a terra para plantar e todos os outros recursos de que precisamos (Salmos 23:1), por que tenho de me desesperar pela falta de tomate? Qual o problema em trocar tomate por cenoura ou beterraba?

> Por que temos de ter crise do tomate ou qualquer outro tipo de crise pessoal? Que valor estamos dando para uma simples fruta? Deus nos deu tudo, mas muitas vezes vejo as pessoas correndo atrás do que Deus já lhes deu sem pensar no porquê de estarem fazendo isso. A falta de um item facilmente substituível nos causa tremenda aflição. Há algo de estranho nisso tudo. Nosso coração está no lugar errado. Nossa mente está limitada e temos agido sem pensar na grandeza de Deus.

Administrando o que não é seu

Por que você foi contratado para trabalhar onde está?

Algumas das parábolas de Jesus repetem o tema de um empregador/empresário distribuindo recursos entre seus funcionários, com propósitos específicos.

Uma dessas parábolas é a Parábola dos talentos (Mateus 25:14-28), que já citei várias vezes e a qual gosto muito de usar ao falar de finanças e trabalho. O "talento" não era uma habilidade, mas uma medida. Cada talento correspondia a aproximadamente 35 quilos de ouro ou prata. Nesta parábola, um homem rico vai viajar e resolve deixar a fortuna de seu empreendimento sob a responsabilidade de três funcionários.

> E também será como um homem que, ao sair de viagem, chamou seus *funcionários* e confiou-lhes os seus bens. A um deu cinco talentos, a outro dois, e a outro um; a cada um de acordo com a sua capacidade.

Em seguida partiu de viagem. O que havia recebido cinco talentos saiu imediatamente, *trabalhou e se aplicou, ganhando* mais cinco. Também o que tinha dois talentos ganhou mais dois. Mas o que tinha recebido um talento saiu, cavou um buraco no chão e escondeu o dinheiro do seu senhor (Mateus 25:14-18, com alterações minhas).

O primeiro ensinamento que me chama a atenção é que os três funcionários recebem quantidades diferentes de talentos, segundo a *capacidade* de cada um. Não é assim em nosso trabalho? Há a pessoa qualificada para ser gerente, secretário, auxiliar etc. Deus (que entendo estar simbolizado aqui pelo dono dos talentos), da mesma forma, nos dá recursos apenas segundo nossas habilidades. Isso significa que ele não vai me confiar mais do que eu posso administrar. Foi por isso que o empresário da parábola não entregou a mesma quantia a todos os funcionários. Dessa forma, entendemos que ninguém recebeu pouco. Apesar de quantidades diferentes, todos receberam aquilo que tinham condições de gerenciar. Podemos, dessa forma, concluir que quanto mais nos dedicarmos a aprender a Palavra de Deus, mais capacidades teremos; logo, mais talentos receberemos. Considero esta uma verdade universal para todos os papéis que desempenhamos na vida.

Em segundo lugar, percebo que tudo o que os funcionários receberam, independentemente da quantia, era algo precioso e de grande valor. Um verdadeiro tesouro. O que aqueles funcionários tinham em mãos era algo tão valioso que tinha potencial de se multiplicar com o trabalho correto. O próprio empresário diz isso no final: "Você devia ter confiado o meu dinheiro aos banqueiros, para que, quando eu voltasse, o recebesse de volta com juros" (v. 26). Ele não tinha mandado os funcionários tirarem leite de pedra. O trabalho deles era administrar algo que, por si só, já era muito bom. Mesmo o funcionário que recebeu apenas um talento tinha tudo de que precisava para fazer este talento frutificar.

Muitas vezes achamos que somos menores por não termos um trabalho considerado nobre. Mas não é assim que Deus nos enxerga. Ele nos entregou talentos valiosos, cabe a nós administrá-los melhor. Da mesma forma, ele já nos entregou uma renda, e ela também precisa ser mais bem gerida.

Em terceiro lugar, vejo que o empresário da história retribui seus funcionários não de acordo com o montante que conseguiram de volta, mas segundo a fidelidade de cada um em sua administração: "Muito bem, funcionário bom e fiel! Você foi fiel no pouco, eu o porei sobre o muito. Venha e participe da alegria do seu senhor!" (v. 21).

Foi a fidelidade que qualificou o primeiro e o segundo funcionário a receberem mais para gerenciar. Assim, se você quiser receber mais recursos, demonstre que é fiel na administração do que já recebe. Para fazer isso, busque novos conhecimentos: faça uma especialização na sua área de trabalho, desenvolva novas habilidades. E uma vez que chegou até este livro, continue lendo! Espero ajudá-lo a aprender mais.

Em quarto lugar, Deus deseja que multipliquemos os talentos que nos dá por meio de nosso trabalho. No acerto de contas, vemos que o empregador se alegrou com os dois funcionários que trabalharam e multiplicaram o talento que receberam. O que recebeu e multiplicou menos foi honrado do mesmo jeito que aquele que recebeu e multiplicou mais.

O que deixou o empresário furioso foi a atitude medíocre do terceiro funcionário. Este disse que teve medo da severidade do chefe, mas não há por que não imaginarmos que ele também teve preguiça de fazer uma pesquisa de mercado e encontrar um bom investimento, ainda que conservador, para lhe dar alguns juros sem comprometer em nada o tesouro. Acredito que o empregador ficou furioso por dois motivos: primeiro, porque o funcionário desprezou o tesouro que recebeu, a oportunidade de trabalho dada, e segundo, porque ignorou sua capacidade de administrá-lo. Seu empregador havia percebido que aquele funcionário tinha jeito para administrar dinheiro – talvez o próprio empresário o tenha ensinado a fazer isso. Foi por essa razão que lhe deu o talento. Ele não teria confiado nada àquele funcionário se percebesse que não era capaz. Como reconheceu suas habilidades, lhe entregou o dinheiro. Será que o empresário se enganou? Acredito que não. Ele era um homem próspero, certamente sabia muito sobre administração de finanças. Assim, penso que não foi ele quem julgou errado; foi o funcionário que preferiu desprezar o tesouro que recebeu e a habilidade que seu senhor viu nele.

Em relação a você e seu trabalho, o que tem feito para honrar a oportunidade que lhe foi dada? Você tem procurado progredir ou, a exemplo do funcionário medíocre, prefere ficar reclamando de sua empresa? Se você foi aprovado para exercer o trabalho que faz hoje, seu superior enxergou talento em você e espera que trabalhe de modo a honrar essa oportunidade.

Diferentemente do empregador da parábola, Deus não apenas nos dá os recursos — os "talentos" —, como também nos dá capacidade para administrá-los. Quando tratamos os recursos de qualquer jeito, estamos negligenciando tanto a riqueza que Deus colocou em nossas mãos como o tesouro que depositou em nosso interior.

OFEREÇA SEU MELHOR SERVIÇO

Você deve ter reparado que substituí a palavra "servo" por "funcionário" no texto bíblico anterior. Fiz isso porque considero que todos nós, como funcionários ou fornecedores, devemos servir nosso empregador ou cliente assim como os servos nos tempos bíblicos serviam seus senhores. A Bíblia ensina que o servo cristão deveria ser o melhor servo da casa de seu senhor, pois estava trabalhando não para o patrão, mas para o Senhor (Colossenses 3:22-25).

Da mesma forma, devemos ser os melhores funcionários de nossa empresa ou fornecedores de nossos clientes, em primeiro lugar, porque fazemos o que fazemos como se fosse para Deus, e em segundo lugar, porque quem nos contratou agiu assim esperando o nosso melhor. Devemos honrar essas pessoas — empregadores e clientes — colocando os interesses delas acima dos nossos (Filipenses 2:3-4). Eles poderiam ter escolhido qualquer outro, mas resolveram dar a oportunidade para você. Cuide deles também.

O QUE SÃO RECURSOS COM A VISÃO DE DEUS?

Recursos são condições dadas por Deus para alcançarmos os propósitos que ele tem para nós. Repito: os propósitos que *ele* tem para nós. Assim, acumular recursos não é um objetivo, e nem usar os recursos para alcançar *meus* propósitos pessoais e egoístas.

Os recursos não são um fim em si mesmo. Pense neles como na farinha de trigo, por exemplo. Ninguém que eu conheço come farinha de trigo pura. Ela é um recurso para fazer pães, bolos e outros alimentos que são, esses sim, para se comer. Fazer alimentos é o propósito da farinha. Da mesma forma, assim como esses alimentos deliciosos são feitos para serem compartilhados, o produto de nossos recursos também é para abençoar outras pessoas.

A primeira pessoa que deve ser abençoada com seu talento, aliás, é seu empregador ou cliente.

O dinheiro é apenas um dos muitos recursos que Deus confia aos seres humanos para que administrem. Outro, que acabamos de citar, é a habilidade. Na verdade, a lista de recursos é infinita, porque qualquer coisa que Deus lhe conceda para alcançar determinado propósito se torna um recurso. A seguir, veja alguns recursos citados na Bíblia, com algumas diretrizes sobre como administrá-los:

- **Conhecimento:** a capacidade de aprender coisas é um presente do Senhor. Todo conhecimento pertence a ele (Salmos 94:10; Provérbios 22:12; Eclesiastes 2:26), e ele nos concede inteligência e condições para aprender coisas. Porém, quando aprendemos, nos tornamos responsáveis por aquilo que sabemos (Romanos 2:18,21; 1Coríntios 8:7-13; Hebreus 10:26-27). Este livro, por exemplo, lhe ensinará lições a respeito de finanças, e você será responsável por aplicar esse conhecimento em sua vida!

- **Dons:** dons são habilidades especiais dadas pelo Espírito Santo para a Igreja. Eles são diferentes dos talentos porque têm como alvo a edificação do Corpo de Cristo (Efésios 4:12). A Bíblia diz que devemos ser bons administradores desses recursos (1Coríntios 12:1-7,31; Hebreus 2:4; 1Pedro 4:10-11).

- **Idade:** tanto a força física da juventude como a longevidade, que conduz à velhice, são bênçãos dadas pelo Senhor, e devem ser utilizadas de maneira sábia (Provérbios 20:29; Eclesiastes 11:9-10; 1Timóteo 4:12).
- **Poder:** o poder e a autoridade sobre todas as coisas pertencem a Deus (Salmos 62:11-12). Ele, porém, concede poder aos homens de acordo com sua vontade e seus propósitos (Isaías 45:1-3; Daniel 2:20-21; Romanos 13:1). Nos livros dos profetas bíblicos, diversas nações e diversos governantes são chamados em julgamento diante de Deus por terem abusado do poder que o Senhor lhes havia dado (veja Isaías 13–23, entre outros textos proféticos).
- **Tempo:** o tempo é um recurso limitado e democrático: todos têm a mesma quantidade de horas por dia. Elas devem ser bem aproveitadas, e com mais rigor nesta época de dias maus (Salmos 90:9-12; Eclesiastes 3:1-11; Efésios 5:16).

Você deve ter percebido que todos os recursos listados pertencem a Deus e são dados aos homens de acordo com os planos do Senhor para a vida de cada um deles, e também para a história do mundo. Se tudo pertence ao Senhor, é ele quem define as regras do jogo, concorda? É ele quem diz como as coisas devem ser usadas, e para que devem ser usadas. Se não estão gerindo seus recursos da maneira que lhe agrada, ele tem o direito de tomá-los de volta. Se quiser, pode entregá-los aos cuidados de outra pessoa. Foi o que aconteceu com o funcionário infiel da parábola que lemos há pouco.

Diante disso, podemos ter duas certezas:

1. **Nada é nosso.** Ser administrador não é ser dono. Se você pede para alguém cuidar de seu cachorro por um fim de semana, você não espera encontrar o animal com uma nova tosa na segunda-feira. A pessoa que está cuidando não é tutora do cachorro, apenas a cuidadora temporária.

   Da mesma forma, tudo o que está em nossas mãos não nos pertence. Somos gestores, administradores, mordomos dos recursos que nos são entregues pelo Senhor — o verdadeiro Dono de todas as coisas. Não podemos nos sentir no direito de tomar certas decisões sobre os recursos que nos foram confiados sem verificar o que o Dono requer de nós e do uso do que pertence a ele.

2. **O que produzimos pertence a Deus.** Já ouvi algumas pessoas dizerem: "Deus não tem nada a ver com o meu sucesso. Eu é que sei o quanto batalhei para construir isso". Essas pessoas, como os dois funcionários da Parábola dos talentos, empregaram muito esforço e dedicação para colherem o resultado que agora obtêm. Mas quem pensa que Deus não tem nada a ver com seu sucesso se esquece de que a habilidade original que desenvolveu, e todas as demais condições que permitiram que se aprimorasse — tempo hábil para estudar, condições financeiras e intelectuais, saúde, segurança etc. — vieram do Pai. Assim, todo o sucesso pertence a Deus. Da mesma forma que os dois primeiros funcionários da Parábola dos talentos entregaram ao seu empregador o lucro que obtiveram em suas negociações, tudo deve ser devolvido a Deus. O fato de alguém ter sido um excelente administrador dos recursos e tê-los feito prosperar não exclui o fato de que recebeu condições para alcançar o sucesso naquilo que faz.

Resumir *para* compartilhar

A seguir estão os principais pontos que abordamos neste capítulo. Relembre o que você aprendeu em cada um deles e compartilhe esses princípios com seus familiares. O dinheiro deve ser um tópico de conversa em sua casa, para que todos vocês, em unidade, caminhem de acordo com os propósitos que Deus tem para os recursos que confiou em suas mãos.

- O dinheiro é um assunto tratado frequentemente na Bíblia, e Jesus deu atenção especial a ele em seus ensinos.

- Minha espiritualidade passa pela forma como lido com o dinheiro.
- Devo tratar o dinheiro na Terra assim como ele é tratado no céu, ou seja, de acordo com os padrões que Deus estabeleceu para as riquezas.
- No casamento, devemos tratar do dinheiro como uma só carne, ou seja, em unidade, refletindo o relacionamento de Cristo com a Igreja, e sem permitir que ele nos separe.
- Uma só planilha ajudará a mim e meu cônjuge a sermos assertivos em nossos sonhos, conquistas e gestão da vida, e com isso seremos muito abençoados.
- O trabalho é mais do que um meio para gerar riquezas: ele foi a forma que o Senhor escolheu para que o ser humano o refletisse e governasse a criação.
- Devo honrar quem me proveu recursos e, assim, devolver em gratidão meu melhor trabalho e resultado.
- O dinheiro é um dos muitos recursos que Deus me dá. Devo gerenciá-lo (e não negligenciá-lo), e fazer isso com fidelidade.
- O dinheiro e qualquer outro recurso que eu possua pertencem ao Senhor, e o resultado do uso que faço desse recurso também pertence a Deus.
- Nada é nosso, tudo o que temos foi Deus quem nos emprestou. Por que, então, sempre queremos tomar posse de tudo?

2

Como gerir os recursos do lar?

 Quanto **dinheiro** você e sua família têm **disponível** agora?

Olhamos poucas vezes para nossos recursos. Geralmente consultamos o extrato ou saldo bancário apenas no dia do pagamento para ver se o salário caiu na conta, ou na hora de fazer uma compra de maior valor para ver se há dinheiro disponível. Ou então, se temos uma aplicação ou outro plano, olhamos para as datas de pagamentos e o saldo acumulado. Em raríssimas ocasiões nos sentamos para avaliar o rumo que nossos recursos estão tomando, reavaliar estratégias de investimento, ou até mesmo possíveis cortes de gastos. Talvez, menos ainda, para gerir uma programação de reserva de emergência ou a realização de um sonho mais ambicioso.

Se você se sentiu representado pela descrição anterior, não fique triste. Este é o comportamento padrão da maior parte dos brasileiros.

Uma pesquisa feita em todas as capitais brasileiras pelo Serviço de Proteção ao Crédito (SPC Brasil) juntamente com a Confederação Nacional de Dirigentes Lojistas (CNDL) apontou que apenas quatro em cada dez dos brasileiros entrevistados dedicam tempo a atividades de controle da vida financeira. Sessenta por cento dos que responderam à pesquisa disseram que nunca, ou apenas às vezes, checam a saúde de suas finanças.[1] Não é à toa que mais de 63% das famílias brasileiras encontram-se endividadas.[2]

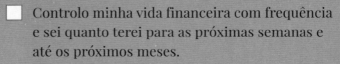

Qual dessas afirmações é **verdade** em sua vida hoje?

- [ ] Controlo minha vida financeira com frequência e sei quanto terei para as próximas semanas e até os próximos meses.

- [ ] Controlo minhas finanças apenas em datas críticas, como no dia do recebimento de salário ou outras entradas, ou em datas de pagamentos maiores.

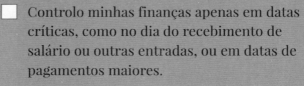

Particularmente creio que as pessoas, no geral, assinalariam a segunda opção em vez da primeira, por falta de hábito. Simplesmente repetem as atitudes que viram em casa quando eram crianças. E muitos também creem que lidar com finanças é algo complicado demais para eles. Também penso que não é pequeno o grupo de pessoas que prefere não checar a saúde de seu bolso pelo mesmo motivo por que não gostam de ir ao médico. Tenho um amigo que diz: "Não vou ao médico porque sempre que faço exames acho alguma coisa que não está bem".

Todos sabem que ignorar um problema não o faz desaparecer. O que é verdade para a saúde de seu corpo também é verdade para sua situação financeira: quanto antes você encarar os fatos, detectar o problema e traçar um plano, melhor será para toda a sua casa.

COMO GERIR OS RECURSOS DO LAR? **47**

Fazer isso não é tão complicado quanto parece. Talvez achemos que organização financeira não é para meros mortais como nós porque não aprendemos a fazer isso na infância e na escola. Aprendemos matemática e as operação básicas (e outras operações nem tão básicas assim), mas não aprendemos a aplicar esse exercício no salário, nas contas da casa e no gasto com o cartão de crédito – coisas que logo mais fariam parte de nossa rotina. Finanças e matemática parecem nunca ter se encontrado em nossa jornada.

É com a mesma tristeza que vejo que a ausência de planejamento econômico é também realidade entre os cristãos. Deveria ser diferente, ainda mais à luz do tanto que a Bíblia fala sobre o assunto, como vimos no capítulo anterior. Mas não é. Esse fato me entristece, pois, pela maneira como administram seus recursos financeiros, muitos cristãos parecem não saber, ou não reconhecer, que Deus é o Senhor e Dono de seu dinheiro e que, por isso, deveriam ser mais responsáveis na forma de gerenciá-lo. Aliás, gerenciar dinheiro não significa economizar. Algumas pessoas pensam que a boa administração financeira consiste em colocar o dinheiro na poupança e nunca mais mexer nele. Não é isso. Outros sentem-se satisfeitos de terem conhecimento básico do assunto. Essa, na verdade, foi a atitude do terceiro funcionário da parábola de Jesus que examinamos no capítulo passado. Aquele funcionário foi considerado "mau e negligente" pelo patrão por ter guardado o tesouro sem nem tocá-lo, sem se informar do que poderia fazer para aumentar a riqueza do empresário. Não é isso que Deus espera de nós. A boa gestão financeira significa sabedoria de *onde* e *quando* utilizar os recursos que o Senhor nos dá.

Dessa forma, para sermos funcionários bons e fiéis na administração de nosso dinheiro, precisamos aprender a *planejar* seu uso. Quando agimos assim, honramos o Senhor e os recursos que ele nos emprestou.

Sei que planejamento parece uma palavra assustadora, principalmente num país que está mais acostumado a improvisar do que a planejar. Mas quero lhe mostrar que fazer isso não é difícil e que, de certa forma, você já lida com planejamento sem nem perceber.

TÃO FÁCIL QUANTO A PREVISÃO DO TEMPO

Minha família e eu moramos na cidade de São Paulo. A vida aqui é agitada em muitos aspectos, e um deles é o clima. Realmente o paulistano vive intensamente todas as estações do ano num único dia. Isso nos obriga a carregar, no carro ou na mochila, protetor solar, boné, blusa de frio e um guarda-chuva. E pode ser que usemos todos esses itens no mesmo dia.[3]

Apesar do tempo louco da cidade de São Paulo, nem todos são pegos desprevenidos por uma chuva ou uma queda abrupta na temperatura. Por quê? Porque se acostumaram com o clima maluco da cidade? Talvez, mas principalmente porque aprenderam a checar diariamente a previsão do tempo. Minha esposa é uma dessas pessoas. Ela se tornou uma especialista. Toda noite, e novamente pela manhã, ela verifica a previsão para saber com que roupa irá trabalhar e quais oscilações poderá haver no clima. Confesso que eu acabo perguntando para ela como estará o tempo amanhã em vez de verificar por conta própria. Mas acredito que não haja problema; aliás, acredito que isso seja ótimo na relação. É muito bom quando temos alguém para nos ajudar no planejamento, fornecendo informações que tornem as questões mais simples e menos imprevisíveis.

Atualmente, os institutos de meteorologia conseguem dizer com bastante precisão como estará o clima nos próximos dias, e eles têm ficado cada vez mais exatos com o passar dos anos. Para previsões mais técnicas, como no caso da agricultura, por exemplo, há previsões até de meses. Não é sempre que acertam tudo. Alguns erros acontecem, mas eu diria que é quase impossível que a previsão esteja 100% errada. A confiabilidade dos institutos de meteorologia se deve às tecnologias que conseguem monitorar e prever com exatidão o movimento das massas de ar frio e ar quente. Com isso, são capazes de nos oferecer uma previsão bastante confiável.

Acredito que você já se valeu da previsão do tempo para fazer planos; talvez até mesmo os planos do dia do seu casamento. Já ouvi casos de noivos que fariam o casamento a céu aberto, mas que, por causa da previsão de chuva, buscaram formas de abrigar os convidados durante o evento. Imagine a catástrofe se não houvesse um plano B para essas horas? Há muitos outros usos para a previsão do tempo. Definimos o passeio do fim de semana e as roupas que levaremos numa viagem com base nela — isso só para citar momentos de lazer. Outras atividades mais significantes, como a semeadura e a colheita de uma plantação, ou as viagens de um navio pelo mar, também são programadas com base na previsão do tempo.

Em dezembro de 2018, minha esposa e eu saímos de férias e cometemos o erro de não checar a previsão do tempo — acho que como era época de férias, relaxamos um pouco e deixamos de fazer o que fazemos todos os dias em casa. Viajaríamos por dez dias pela Serra da Canastra e pela região de Capitólio, em Minas Gerais. Eis que, para nossa surpresa, na véspera da viagem (isso mesmo, um dia antes de partirmos), nos deparamos com a chegada de uma frente fria àquela região, que derrubou a temperatura. A máxima ficaria em torno de vinte graus, o que inviabilizaria nossos planos de tomar banho de cachoeira e diversas atividades com água. Foi um belo balde de água fria em nossa programação! Fizemos então um novo plano. Consultamos a previsão do tempo em regiões num raio entre quinhentos e mil quilômetros de nossa casa, mas nos deparamos com grandes chuvas e frio em muitos lugares. Porém, com um bom planejamento, achamos algumas opções viáveis. Acabamos passando nossos dez dias de descanso em Foz do Iguaçu, onde desfrutamos de muito sol e pudemos aproveitar as cachoeiras e fazer as atividades ao ar livre como desejamos. A experiência nos ensinou a ser ainda mais criteriosos com o planejamento. Foi uma simples questão de férias, que, graças a Deus, deu certo. Mas poderia ser bem frustrante.

Imagina como seria viver assim o tempo todo?

Se é possível prever algo tão instável quanto o clima, por que alguns acham impossível fazer o mesmo com algo tão previsível e lógico como as finanças? O que é mais fácil controlar: o vento ou sua conta-corrente? Deveria ser sua conta-corrente. Jesus mesmo diz que o vento não dá dicas de onde irá soprar (veja João 3:8).

Ficar com a conta negativa e entrar no cheque especial não são eventos que acontecem de repente, assim como não é de repente que o céu escurece e uma tempestade desaba. Se você não acompanhar a previsão do tempo, pode parecer que foi de repente, mas nunca é. Talvez tenha sido você que não percebeu que as nuvens foram se acumulando, a umidade foi aumentando e o vento foi soprando até que – pá! – veio o temporal.

Seja como for, *chuva e conta negativa não são eventos mágicos*. Eles são o resultado de uma série de acontecimentos totalmente previsíveis.

Como se forma uma "tempestade financeira"? Simples. O mês começa todo ensolarado. Você recebeu seu salário e tem dinheiro no banco. Então abre a caixa do correio – ou do e-mail – e vê lá as faturas disso e daquilo. São as primeiras nuvenzinhas. Mas como tem dinheiro em caixa, você paga tudo e fica tranquilo.

Aí, lá pelo dia 10 ou dia 15 do mês, sua família vai passear no shopping e alguém pede: "Vamos comprar aquilo?" ou "Vamos comer em tal restaurante?". Você se lembra do céu azulzinho lá no extrato do banco e diz o quê? "Claro, vamos!" Porém, em vez de trabalhar com os recursos disponíveis, você se empolga e passa o cartão e acumula mais algumas nuvens. Cartões de crédito, aliás, são tragédia anunciada para a maioria das pessoas; são tornados previstos com um mês de antecedência.

Nos dias seguintes, acontecimentos "aleatórios" vão fazendo a umidade aumentar: é o carro que precisa ser abastecido e você esqueceu, é o condomínio que vence dia 20 e você não lembrava, é o boleto da academia, a compra no mercado, uma festa para a qual você foi convidado e precisa levar um presente, um casal que chamou

COMO GERIR OS RECURSOS DO LAR? **51**

sua família para jantar. São coisas que acontecem todos os meses ou todos os anos na mesma data, mas que – como não olha para a previsão – você esqueceu. Aí o restinho de céu azul que tinha no seu extrato de repente fica preto e começa a relampejar. Você entrou no cheque especial e ainda faltam dez dias para receber o salário – fora a tempestade já armada no cartão de crédito para o próximo mês.

Raramente as contas ficam negativas por causa de um único grande gasto não programado. São dezenas de pequenas nuvens que escurecem o céu e formam a tempestade. Porém, diferente do clima, que não podemos controlar, apenas *prever*, sua vida financeira pode ser *prevista* e *controlada*. Assim, a única diferença entre um céu ensolarado o mês todo e uma tempestade feia na segunda metade do mês é o planejamento financeiro. Como já dizia a sábia Palavra de Deus: "Eles semeiam vento e colhem tempestade. [...] Ainda que produzisse trigo, estrangeiros o devorariam (Oseias 8:7). Veja bem, o que começou com uma brisa virou uma tempestade. Por falta de controle, o que foi possível juntar acabou sendo entregue ao banco na forma de juros. E, como no versículo, a maioria dos bancos é gerida por capital *estrangeiro*. É muita justiça poética!

Muita gente acha que finanças são eventos aleatórios. No entanto, elas podem ser antevistas por um grande período de sua vida, sem criar surpresas. Se você e sua família entenderem isso e começarem a levar esse fato em consideração nos próximos meses, experimentarão um grande avanço em suas finanças domésticas, bem como no relacionamento da família no que diz respeito ao uso do dinheiro.

Grave essa frase em seu coração: "Não é ganhar muito ou pouco que faz diferença para a riqueza, mas saber viver com o que se tem e gastar menos do que se ganha". Na Bíblia isso é chamado de *contentamento* (1Timóteo 6:6-10).

O QUE VOCÊ TEM NA SUA VIDA QUE FOI TOTALMENTE CRIADO PELO SER HUMANO?

Como mencionado no final do capítulo 1, através do fruto do seu trabalho você pode comprar um carro, por exemplo. E talvez você pense que o carro é uma criação única do ser humano. Mas se pensar na matéria-prima usada para fazer o carro — o metal, o plástico, a combustão, a inteligência — trata-se de recursos que Deus proveu para serem manuseados. Eles já existiam sobre a Terra antes de haver carros. Vejo que nosso estilo e nossas escolhas de vida acabam agora dando mais importância a algo manuseado por um homem do que às promessas e aos cuidados que Deus proveu aos homens desde a criação do universo. Mas pertencem todos a ele, pois ele os criou. Por isso devemos utilizar tais recursos com grande cuidado: porque, em outras palavras, são coisas que nos foram emprestadas (Gênesis 1:29-30).

A BÍBLIA E O PLANEJAMENTO

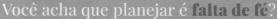

Você acha que planejar é **falta de fé**?

Alguns cristãos são contra o planejamento. Acham que fazer planos é um ato de rebeldia contra a vontade soberana de Deus e seus decretos eternos, ou uma expressão de desconfiança no cuidado do Senhor sobre os seus. Alguns até argumentam com base em textos bíblicos, como Tiago 4:13-17, para justificar que planos humanos estão cheios de orgulho e falhas.

COMO GERIR OS RECURSOS DO LAR? **53**

No entanto, quando examino as Escrituras, vejo o quanto o próprio Deus é alguém organizado e cuidadoso nos detalhes, e o quanto o ato de planejar reflete sua imagem. Ele planejou com cuidado a criação, como vimos no capítulo anterior, e também cada etapa da revelação de sua Palavra no decorrer dos séculos. Há muitíssimos textos que nos exortam e nos inspiram a planejar a fim de fazer bom uso dos recursos que Deus nos confiou. Lembra-se da Parábola dos talentos? Aquele que foi descuidado e não planejou um bom uso foi severamente criticado e castigado pelo seu patrão.

Uma bela inspiração é o governo de José, filho de Jacó, que ficou conhecido como José do Egito. No alto da sua vida, depois de sofrer como escravo e prisioneiro, José assumiu o topo da liderança do Egito, a nação mais poderosa da época. Ele era autoridade sobre todas as pessoas, só estava abaixo do faraó. Como chegou a esse posto de prestígio? Por uma estratégia brilhante de planejamento.

Você se lembra da história: Deus falou ao faraó, por meio de sonhos, que toda a terra do Egito experimentaria sete anos de fartura em suas colheitas, seguidos de sete anos de profunda escassez, como nunca se vira antes (Gênesis 41:1-32). Ao apresentar a interpretação do sonho, José também ofereceu um conselho ao soberano: recolher um quinto da colheita (20%) durante os sete anos de fartura e estocá-lo nas cidades-celeiros, a fim de servir de reserva para os sete anos de fome (vs. 34-36). Essa estratégia sábia garantiu o acesso de José ao poder do Egito, a sobrevivência da nação durante os anos de fome e a preservação da linhagem de Israel.

É claro que essa estratégia veio de Deus, e toda a situação foi conduzida pelo Senhor. No entanto, repare que Deus deu a estratégia, mas *não* a executou, assim como revelou que viriam os dias de fome e *não* os suprimiu. Por caminhar com Deus e estar atento à sua voz, José entendeu a resolução e o direcionamento do Senhor, e agiu. Ele não esperou para recorrer a Deus quando o problema se instalou. Ele já caminhava com o Senhor antes; por isso, quando a situação surgiu, José confiou na sabedoria divina para saber o que fazer quando tudo estava bem (no tempo das vacas gordas) e também quando as coisas ficaram ruins (no tempo das vacas magras).

NA RIQUEZA E NA POBREZA

Ordinariamente recorremos a Deus apenas em épocas de crise – e isso quase sempre acontece porque achamos que não precisamos dele nos dias de fartura. Precisamos de Deus tanto para sobreviver à falta como à abundância (Provérbios 30:8-9; Filipenses 4:12). Não é necessário passar por crises para recorrer a Deus; podemos contar com sua sabedoria em todas as situações. Vivemos o tempo todo com oscilações econômicas e políticas em todo o mundo. Não viva achando que só terá vacas gordas – ou magras – em sua vida. Consagre sua gestão financeira a Deus, mas também aprenda a planejar. O Senhor não fará por você aquilo que você mesmo pode fazer. Porém, conte com a ajuda do alto para inspirá-lo, colocar pessoas certas em seu caminho, abrir e fechar portas.

O planejamento de José demonstrou cuidado com as provisões, pois ele sabia que não eram suas, mas do Senhor. Talvez por ter essa consciência, José foi rigoroso tanto no planejamento quanto na execução do projeto (Gênesis 41:48), que nos dias de hoje podemos dizer que foi algo de médio a longo prazo (catorze anos no total). Às vezes, ficamos desanimados com o planejamento financeiro porque é algo que deverá ser feito com diligência durante a vida inteira. Mas imagine se no terceiro ou quarto ano das vacas gordas José tivesse pensado: "Já temos trigo o suficiente, vou parar por aqui". Teria deixado metade do plano para trás e certamente haveria escassez no tempo das vacas magras. Grandes conquistas precisam de tempo, planejamento e perseverança: "Vocês precisam perseverar, de modo que, quando tiverem feito a vontade de Deus, recebam o que ele prometeu" (Hebreus 10:36). Cumprir e honrar seus planos é demonstração de fé.

Quando nos propomos a planejar a melhor forma de gerir os recursos que Deus nos dá para a sua glória, o Senhor nos capacita nessa tarefa e realiza seus propósitos por meio de nosso planejamento. É o que escreveu Salomão: "Consagre ao SENHOR tudo o que você faz, e os seus planos serão bem-sucedidos" (Provérbios 16:3).

O livro de Provérbios, aliás, possui uma longa coleção de ensinamentos que nos exortam a planejar, mostrando que fazer planos é sábio e que quem quer ser sábio deve aprender a fazer planos. Veja algumas orientações:

> A sabedoria do homem prudente é discernir o seu caminho, mas a insensatez dos tolos é enganosa (Provérbios 14:8).
>
> Os planos bem elaborados levam à fartura; mas o apressado sempre acaba na miséria (Provérbios 21:5).

Perceba, por fim, que no contexto bíblico, ser sábio não é sinônimo de ser esperto ou intelectual, mas significa temer ao Senhor (Provérbios 1:7). Sendo assim, se quem faz planos é sábio, podemos concluir que planejar é uma forma de demonstrar temor ao Senhor. Afinal, ele é o Dono do ouro e da prata que estão em nossas mãos. Certamente cremos que nossos planos estão sujeitos aos propósitos divinos (Provérbios 16:1,9; 19:21; 21:30), e colocamos a fé não no brilhante planejamento financeiro que fazemos, mas no cuidado de Deus sobre nós (Lucas 12:22-30).

VACAS NO PLANEJAMENTO

Acredito que você já tenha ouvido, e até dito, as expressões "vacas gordas" e "vacas magras". Essas expressões, tão usadas para falar sobre sabedoria na hora de planejar, se originaram a partir do texto bíblico, do sonho de faraó e da intervenção de José (Gênesis 41). Veja o quanto Deus inspira o mundo em relação ao cuidado com finanças e provisões.

Planejando como administradores

Na Bíblia, quando se diz que o cristão é administrador ou encarregado dos recursos de Deus — sejam espirituais, sejam materiais —, está dito também que ele deve ser *fiel* (Lucas 12:42; 1Coríntios 4:2; 1Pedro 4:10). O próprio Jesus apresenta isso em outra parábola.

> Quem é, pois, o administrador fiel e sensato, a quem seu senhor encarrega dos seus servos, para lhes dar sua porção de alimento no tempo

devido? Feliz o servo a quem o seu senhor encontrar fazendo assim quando voltar. Garanto-lhes que ele o encarregará de todos os seus bens. Mas suponham que esse servo diga a si mesmo: "Meu senhor se demora a voltar", e então comece a bater nos servos e nas servas, a comer, a beber e a embriagar-se. O senhor daquele servo virá num dia em que ele não o espera e numa hora que não sabe, e o punirá severamente e lhe dará um lugar com os infiéis (Lucas 12:42-46).

Esta é mais uma história de um empresário que colocou um encarregado para administrar suas coisas durante um período de ausência. Na parábola que lemos no capítulo anterior, o empresário deixou um tesouro, na forma de talento, para alguns funcionários investirem. Nesta parábola, o empresário deixa sob a responsabilidade do encarregado o cuidado com toda a empresa, especificamente com os outros funcionários. Durante a ausência do chefe, o encarregado deveria "dar a porção de alimento" (considero isso como o equivalente, nos dias de hoje, ao "salário") aos colegas "no tempo devido". Diante disso, o encarregado *não* poderia:

- Distribuir todo o dinheiro do chefe aos colegas de uma vez só (porque ele não sabia quando o chefe voltaria e por quanto tempo teria de administrar a empresa).
- Dar o dinheiro do chefe aos colegas, na forma de salário, apenas quando ele quisesse (havia o "tempo devido" de fazer isso).
- Guardar o dinheiro num cofre para que o próprio chefe pagasse os funcionários quando voltasse (se fosse para fazer isso, o empresário não precisaria ter um encarregado).
- Usar o dinheiro do chefe da forma que ele quisesse (o dinheiro lhe foi confiado com um objetivo específico).

Isso é planejar: ter um *objetivo* para o uso do recurso e um *momento* para fazer isso. O encarregado fiel planeja o uso do recurso e recebe tanto uma palavra de louvor do empregador como mais trabalho, na forma de mais recursos para administrar.

Porém, na segunda metade do texto, Jesus considerou o caso de um encarregado que não agiu com fidelidade, mas que usou o dinheiro do chefe em benefício próprio (começou "a comer, a beber e a embriagar-se"), e acabou maltratando aqueles que estavam sob seu cuidado direto. O que aconteceu com esse encarregado ruim? Ele foi punido severamente, sendo considerado *infiel*.

Um detalhe interessantíssimo nessa parábola é que a palavra usada por Jesus para se referir ao encarregado, em grego, é "oikónomos", pessoa responsável pela "oikonomía" da casa. Isso faz você lembrar de alguma coisa? Esta é a raiz da palavra portuguesa *economia*. Muita gente pensa que fazer *economia* é poupar recursos, quando, na verdade, significa *administrar* recursos da maneira adequada. Era isso que o "oikónomos" fazia na época de Jesus, e é isso que o Senhor requer de nós, seus "oikónomos", hoje.

TRÊS LEIS DO PLANEJAMENTO

Por onde começamos o planejamento?

Quero apresentar três leis básicas para um bom planejamento.[4] Essas três leis estão dispostas em ordem de complexidade, ou seja, a primeira é mais básica que a segunda, e assim por diante. Sugiro que você leia tudo na sequência, mas que implemente uma coisa de cada vez. Assim, você evita topar com desafios que acabarão levando-o a se desanimar e desistir – ou, talvez, que assustem seu cônjuge e sua família e criem neles um bloqueio contra planejamentos. Dê um passo de cada vez, e parta para o próximo depois de ter assimilado e adotado o passo anterior.

Primeira lei: Não gaste mais do que você ganha

Qual é a **renda mensal** da sua casa (sua + cônjuge)?

Qual é o **total do gasto** mensal da sua casa?

58 NA RIQUEZA E NA POBREZA

Este princípio parece ser tão óbvio, mas tão óbvio, que talvez nem fosse preciso colocá-lo aqui. Realmente, é elementar. Mas é onde tenho visto acontecer os erros mais graves de planejamento financeiro em famílias.

Trata-se da conta mais simples do mundo, de mais e menos. Mais é toda a renda, e menos são todas as despesas. Em primeiro lugar, para que esta lei seja cumprida, é preciso saber o quanto você ganha. Você sabe o quanto ganha por mês? Pesquisas mostram que mais de 40% dos brasileiros não sabem exatamente o quanto ganham.[5]

E seu cônjuge? Ele sabe o quanto você ganha? Você sabe o quanto ele ganha?

É aqui que começam os problemas. Muitos casais seguem o "ser uma só carne" só até certo ponto. Quando o dinheiro entra em cena, querem preservar a sua individualidade.

Questões psicológicas à parte, acho que viver assim é uma grande perda. Não pretendo repetir o que já foi dito no primeiro capítulo, mas não consigo salientar o suficiente o quanto é saudável e insuperavelmente melhor que a vida financeira do casal seja vivida em comum, como uma só carne. Ao longo de toda a sua Palavra, Deus nos mostra como é forte e poderosa a comunhão das pessoas. Criar uma parceira para Adão, permitir que pessoas vivam em famílias, que os crentes vivam em comunidade, e fazer de todos os salvos um só Corpo — todas essas atitudes de Deus deveriam nos levar a desejar a unidade e preservá-la, sobretudo no casamento, que é a união mais íntima que um ser humano pode experimentar, exceto pelo relacionamento com o Cristo.

Se meus argumentos não bastam, considerem as palavras do homem tido como o mais sábio do mundo:

> É melhor ter companhia do que estar sozinho, *porque maior é a recompensa do trabalho de duas pessoas.* Se um cair, o outro pode ajudá-lo a levantar-se. Mas pobre do homem que cai e não tem quem o ajude a levantar-se! E se dois dormirem juntos, vão manter-se aquecidos. Como, porém, manter-se aquecido sozinho? Um homem sozinho pode ser vencido, mas dois conseguem defender-se. Um cordão de três dobras não se rompe com facilidade (Eclesiastes 4:9-12, grifos meus).

A nossa cultura despreza toda essa sabedoria. As pessoas preferem investir no "bloco-do-eu-sozinho" para terem autonomia e independência. Porém, acredito que enfrentam mais aflições vivendo assim. E não preciso nem apelar à autoridade da Bíblia para vender minha tese. As próprias pesquisas de comportamento revelam isso:

- A cada dez brasileiros que residem com outros familiares, seis (57%) admitem que o orçamento da família é prejudicado por alguém da própria casa (o percentual aumenta para 62% entre famílias das classes mais baixas). Isso demonstra uma falta de alinhamento familiar bem grande.
- Quarenta e oito por cento dos brasileiros casados (quase metade!) brigam por causa do dinheiro, e o maior motivo de brigas é o fato de o companheiro gastar além das condições financeiras.[6]

Mas veja só que interessante. Essas mesmas pessoas que dizem ter problemas para tratar do assunto dinheiro em casa admitiram que não são totalmente transparentes com o cônjuge em relação às compras que fazem (43% disseram que não contam ao cônjuge todos os seus gastos).[7] Agem assim para "evitar, de certo modo, interferências na forma como gastam seu dinheiro".[8] Esse dado já nos revela outro empecilho que existe para cumprir a primeira lei do planejamento: para gastar menos do que se ganha, é preciso saber quanto se ganha e *quanto se gasta*.

Neste ponto, posso afirmar que muitas pessoas, além de não saberem o quanto o cônjuge gasta, também não sabem o quanto elas mesmas gastam. Apenas ficam assustadas quando receberam a fatura do cartão de crédito e se perguntam: "Nossa, mas o que foi que aconteceu?".

Toda casa tem números, e é dever da casa toda conhecê-los e monitorá-los. Sentar-se e fazer contas para ver o quanto você tem e o quanto pode gastar é algo tão básico que Deus espera de nós que Jesus utiliza esse fato como exemplo para falar do preço de segui-lo (Lucas 14:28-31).

Não podemos viver irresponsavelmente, achando que, no fim do mês, a nossa fé em Deus irá pagar a fatura do cartão de crédito ou o carnê de prestações. Como diria Provérbios, agir assim é insensatez.

para **refletir** em **casal**

- Vocês se sentem desconfortáveis em relatar um ao outro os gastos que fizeram ao longo do dia?
- Vocês conseguem pensar em uma forma de fazer isso sem que o momento se torne uma sessão de cobranças e atribuição de culpa?
- O que acham de unificar todas essas informações numa mesma planilha e criarem acordos quanto ao quanto podem gastar individualmente?

Segunda lei: Controle os gastos por meio de um orçamento

Quanto dinheiro você vai ter na sua conta-corrente no final deste **mês**? E daqui a **seis meses**? E em **um ano**?

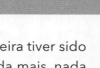

A segunda lei só pode ser obedecida depois que a primeira tiver sido adotada. Isso porque o orçamento é composto de – nada mais, nada menos – renda e gastos da família.

O progresso é que, agora, além de saber quanto entra e quanto sai, você também irá definir quanto pode sair em cada área a cada mês – e verificar o que será preciso fazer para equilibrar as contas: arrumar outras entradas, realizar cortes, avaliar se haverá folga para fazer uma viagem ou trocar um bem. Planejamento financeiro é para se enxergar o futuro com sabedoria, não para temer.

Muita gente acha que, para realizar certos sonhos, é preciso cair dinheiro do céu. No entanto, a prática tem me mostrado que não.

Conheço pessoas com renda acima da média que não conseguem realizar sonhos simples sem recorrer a um empréstimo, enquanto outras alcançaram grandes conquistas sem depender de nada além de sua renda mensal mediana. O segredo está em equilibrar renda e gastos de modo que sua família gaste menos do que ganha.

Uma vez que toda a nossa vida passa por finanças, fazer o registro e controle das finanças é como escrever uma história. Existem vários jeitos de contar uma história. Ela pode ser registrada como um livro ou um filme. Ela também pode ser recontada visualmente num álbum de fotografia. A história também pode virar música. Um exemplo é a música "Eduardo e Mônica", do Legião Urbana. É a história de um casal fictício que se conheceu, se aproximou, se casou, teve filhos e levou uma vida normal, com altos e baixos, como a maioria de nós, e se manteve unido. Muitos casais gostam dessa música pelo início dela, que mostra como os opostos se atraem. Quanto a mim, gosto dela pelo modo como eles superaram as barras, as crises financeiras, o cuidado com a família e, nesse ciclo de acontecimentos, escolheram viver lado a lado como uma só carne.

Há, ainda, jeitos mais "exatos" de recontar uma história. É o que acontece quando se cria uma linha do tempo e se marca nela os eventos mais importantes, juntamente com as datas em que aconteceram. Uma planilha financeira se aproxima muito de uma linha do tempo em relação ao jeito de contar uma história. Ela também lista os principais eventos e a data de sua ocorrência.

A diferença é que, enquanto o livro, a música e a linha do tempo contam uma história que já aconteceu, a planilha pode contar uma história que ainda vai acontecer. Isso é tremendo para sua vida. A função da planilha não é descrever onde a família gastou o dinheiro, mas onde irá gastá-lo. É se antecipar à tempestade por meio do preparo e de informações que podem ser previstas e lançadas.

Foi o que fiz com a história de Eduardo e Mônica. Como não sou músico, nem romancista, nem diretor de cinema, coloquei a história desses dois numa planilha. Como minha formação é de Humanas, sofri para aprender a matemática prática, mas usei a criatividade para me divertir com ela, principalmente quando entendi como a matemática poderia me ajudar a viver melhor.

PLANILHAS NÃO MORDEM

Muita gente estremece quando o assunto é planilha e previsão financeira. O primeiro pensamento é: "Se eu colocar na planilha onde vou gastar meu dinheiro, não vou poder comprar nada que não esteja na planilha! Vou ficar preso a isso".

Acontece que toda casa tem números: despesas, entradas, dívidas. O objetivo da planilha é ajudá-lo a descobrir quais são esses números para que você (e não a planilha) assuma o controle financeiro da sua vida e não tenha de redescobrir todo mês de onde veio o seu dinheiro e aonde ele está (ou deveria estar) indo.

Veja a seguir como era a vida do Eduardo e da Mônica antes de se conhecerem. A música dá a entender que Mônica morava sozinha e Eduardo morava com a família (ouça a música, vai ser um momento divertido nessa construção de planejamento financeiro). Listei apenas as atividades de cada um de acordo com a música (por isso não coloquei água, luz etc.). Para cada atividade, coloquei um gasto estimado, porque, afinal de contas, toda a nossa vida — e também a de Eduardo e Mônica — passa por finanças.

Planilha do Eduardo (gastos mensais)	
Cinema	R$ 55,00
Condução	R$ 320,00
Cursinho	R$ 500,00
Curso de inglês	R$ 350,00
Mensalidade da escola	R$ 590,00
Mensalidade do clube (no plano familiar)	R$ 120,00
TOTAL	R$ 1.935,00

COMO GERIR OS RECURSOS DO LAR?

Planilha da Mônica (gastos mensais)	
Aula de alemão	R$ 400,00
Aula de meditação	R$ 80,00
Bebidas	R$ 100,00
Cinema	R$ 150,00
Gasolina da moto	R$ 60,00
Mensalidade da faculdade de Medicina	R$ 4.500,00
TOTAL	R$ 5.290,00

Depois que esses dois se conheceram, algumas atividades mudaram (e alguns gastos também).

Planilha do Eduardo (gastos mensais)	
Cinema (agora só nos fins de semana, que é mais caro)	R$ 90,00
Condução (pega carona com a Mônica)	R$ 300,00
Cursinho	R$ 500,00
Curso de inglês	R$ 350,00
Mensalidade da escola	R$ 590,00
Mensalidade do clube (no plano familiar)	R$ 120,00
Saídas com a Mônica	R$ 200,00
Telefone	R$ 60,00
TOTAL	R$ 2.210,00

Planilha da Mônica (gastos mensais)	
Aula de alemão	R$ 400,00
Aula de meditação	R$ 80,00
Bebidas	R$ 100,00
Cinema	R$ 150,00
Gasolina da moto (começou a rodar mais)	R$ 80,00
Mensalidade da faculdade de Medicina	R$ 4.500,00
Saídas com o Eduardo	R$ 200,00
Telefone	R$ 60,00
TOTAL	R$ 5.570,00

64 NA RIQUEZA E NA POBREZA

Mais tarde, Eduardo e Mônica se casaram. Com isso, seus gastos se unificaram – por isso, agora temos uma planilha só, a *H2O* (mais adiante explico o porquê deste nome). Os gastos também se diversificaram em função do momento da vida em que se encontravam.

Planilha H2O Eduardo e Mônica casados (gastos mensais)	
Aula de meditação (da Mônica)	R$ 0,00 (agora fazem cursos em conjunto)
Bebidas (dos dois)	R$ 200,00
Cinema (dos dois)	R$ 120,00
Condução (do Eduardo)	R$ 0,00 (os dois usam a moto)
Cursinho (do Eduardo)	R$ 0,00 (Eduardo entrou na faculdade)
Cursos de idiomas (dos dois)	R$ 700,00 (ganharam um desconto na escola)
Cursos diversos (dos dois)	R$ 300,00
Gasolina da moto	R$ 160,00
Mensalidade da escola (do Eduardo)	R$ 0,00 (Eduardo entrou na faculdade)
Mensalidade da faculdade de Medicina (da Mônica)	R$ 0,00 (Mônica se formou)
Mensalidade da faculdade (do Eduardo)	R$ 3.000,00
Mensalidade do clube (do Eduardo)	R$ 0,00 (Eduardo saiu do plano familiar)
Saídas (dos dois)	R$ 200,00
Telefone	R$ 0,00 (agora moram juntos)
Viagens	R$ 500,00 (média mensal)
TOTAL	R$ 5.180,00

Repare que, quando o casal está junto, as despesas se acomodam. Enquanto namoravam, as despesas ultrapassavam R$ 7.000,00 quando somadas. Mas depois que se unem, elas ficaram por volta de R$ 5.000,00 (relembrando Eclesiastes 4:9-12). Bom, a lógica deveria ser poupar esses R$ 2.000,00 que passaram a ter de "sobra". Como "sobras" da sua família têm sido administradas? Se elas nunca existiram, sugiro que você reflita se está tendo sabedoria em sua gestão familiar. Se concluir que não, "peça [sabedoria] a Deus, que a todos dá livremente, de boa vontade; e lhe será concedida" (Tiago 1:5).

A história do Eduardo e da Mônica foi evoluindo. Eles se mudaram para Brasília, construíram uma casa e tiveram gêmeos. Com a mudança na história, a planilha também mudou.

Planilha H2O Eduardo e Mônica e filhos (gastos mensais)	
Bebidas (dos dois)	R$ 50,00 (com a Mônica grávida, beberam menos)
Cinema (da família)	R$ 60,00 (contenção de gastos)
Construção da casa	R$ 2.000,00 (média mensal)
Cursos de idiomas (dos dois)	R$ 0,00 (contenção de gastos)
Cursos diversos (dos dois)	R$ 0,00 (contenção de gastos)
Escola dos gêmeos	R$ 890,00
Gasolina do carro	R$ 360,00 (venderam a moto por causa dos gêmeos)
Gastos gerais com gêmeos	R$ 670,00 (roupas, saúde, alimentação especial)
Manutenção do carro	R$ 250,00
Supermercado	R$ 430,00 (passaram a cozinhar em casa em vez de sair)
Mensalidade da faculdade do Eduardo	R$ 0,00 (Eduardo trancou a faculdade)
Mudança para Brasília (parcelas)	R$ 400,00
Viagens	R$ 800,00 (média mensal)
TOTAL	R$ 5.910,00

A história do Eduardo e da Mônica não é tão diferente da realidade de muitos de nós. Vamos vivendo (e gastando) conforme as oportunidades vão aparecendo. O Eduardo entra na faculdade, mas depois resolvem se mudar de cidade e construir uma casa. Andam de moto para cima e para baixo, mas, com a chegada de gêmeos, é preciso trocar de meio de transporte. A vida vai acontecendo e o casal vai fazendo os ajustes, sem muita reflexão.

Esse estilo é bem legal na música, mas é extremamente desgastante se for usado como modelo de vida! Se sua família adora tomar sustos e gosta muito de adrenalina, pode até tentar viver assim. Mas eu não gostaria de viver essa vida louca, não, ainda mais se é possível se preparar um pouco mais. Você pode fazer isso preenchendo a sua própria *planilha H2O*.

para **refletir** em

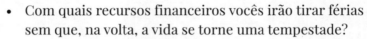

- Com quais recursos financeiros vocês irão tirar férias sem que, na volta, a vida se torne uma tempestade?

O que é planilha H2O?

Como você viu, na história de Eduardo e Mônica, cada um tinha seus próprios gastos, os quais anotei na forma de tabela. Até aí, nada demais.

A verdadeira mudança aconteceu quando os dois se casaram. Quando isso aconteceu, os gastos também se casaram, e as planilhas também! Antes, cada um olhava para seu próprio gasto. **H**oje, os **2 O**lham para os gastos da família. Isso é a planilha H2O: **H**oje os **2 O**lham.

A planilha H2O é uma ferramenta que tem a intenção de ajudar o casal a visualizar os gastos familiares no decorrer de um ano. No final do livro, na seção Anexos, você encontra o modelo para preencher. Na essência, qualquer planilha que o casal olhar junto ser torna uma planilha H2O. Mais do que a forma, o que importa é o conceito: ela deve ser preenchida em casal – talvez, de preferência, até em família, com todos os moradores da casa. Em família, as despesas são assunto de todos, porque são criadas por todos. Mas se vocês ainda não estiverem integrados no assunto, assuma a liderança para organizar. Peça para cada um listar seus gastos, no papel mesmo. Esse exercício já vai ajudar a criar consciência das despesas de forma individualizada. Depois, ao juntar tudo, você pode conversar com cada membro da família até o momento em que a conversa se torne mais tranquila e coletiva.

Confesso que o começo nem sempre é fácil, mas ele é necessário! Se você não começar, isso não será feito nunca. Muitos dos problemas

COMO GERIR OS RECURSOS DO LAR? **67**

que talvez o tenham trazido para ler este livro só poderão ser resolvidos quando você der o primeiro passo. Aliás você já deu bons passos chegando até aqui. Vá além, garanto que vai valer a pena.

Planilha Eduardo & Mônica – planilha de projeção anual

A partir do preenchimento da planilha H2O, você e sua família conseguem montar um orçamento (uma projeção) de quanto precisam por mês para se manter. Com isso, conseguem gerir melhor o que entra mensalmente, sabendo quando a "sobra" do mês X será necessária para cobrir as despesas do mês Y.

Poucas pessoas olham para seus recursos a partir de um planejamento ou projeção anual. As empresas, por outro lado, fazem isso o tempo todo. É a partir da projeção anual que empresas sérias estão avaliando hoje se devem manter ou não determinada pessoa no quadro de funcionários no ano que vem, ou, ainda, se irão ou não investir em determinado produto daqui a dois anos. Foi um erro na gestão da minha empresa, que mencionei na introdução, que me trouxe à situação de ter de aprender sobre planejamento, o que me fez escrever este livro para ajudar você a não cometer o mesmo erro.

Em finanças, a riqueza do conhecimento é enxergar projetado, isto é, pegar o que se descobriu no controle do dia a dia e extrapolar essas descobertas para o ano inteiro. Como assim, olhando os 365 dias do ano? Não! Olhando *mês a mês*.

A projeção é fundamental, pois, se você olhar só para a conta-corrente, verificando os gastos dia a dia, dificilmente terá controle do seu futuro. Precisamos sim aprender a olhar diariamente, mas a colheita se dá com o passar dos meses e, com o aprendizado, com o passar dos anos. Ter essa visão global é importante porque, no geral, quando há dinheiro na conta, as pessoas acabam gastando, com ou sem projeção de gastos. A melhor forma de fazer seu planejamento é tendo uma projeção anual do que você e sua família gastam e gastarão mês a mês, ao longo do ano.

A projeção anual, como as empresas fazem, é importante porque os meses não são iguais. Janeiro, por exemplo, é cheio de contas para pagar: IPVA, IPTU, matrícula de escolas, material escolar, cartão de crédito com os presentes de fim de ano etc. O ano geralmente começa muito apertado para a maior parte dos brasileiros, mas vamos ganhando algumas folgas. Tem o mês em que os funcionários registrados recebem dissídio salarial. Também, lá para a metade do ano, vem a restituição do Imposto de Renda, para quem o declarou no início do prazo. No final do ano, os funcionários registrados também recebem o 13º salário. Além disso tudo, tem o mês de férias remuneradas.

Os empregadores e autônomos acabam aprendendo a projetar por questão de sobrevivência, para manterem sua empresa ou seu negócio funcionando. Para esses, talvez, a projeção anual seja ainda mais essencial, tanto na área profissional como familiar, uma vez que se vive na montanha-russa de rendimentos.

Sejam autônomas, sejam registradas em carteira, as pessoas quase nunca gastam nem ganham a mesma coisa mês a mês. Assim, é importantíssimo saber o que acontecerá nos meses seguintes para que a aparente "sobra" de um mês não venha a ser uma "falta" no mês seguinte. Lembre-se das vacas gordas e das vacas magras em Gênesis 41. O que José poupou (20% por safra, ao longo de sete anos) era necessário para suprir o que faltaria mais adiante. Desta forma, no mês de férias aparentemente sobra mais dinheiro porque o que se recebe são dois salários. A pessoa que não tem consciência das entradas e saídas em longo prazo, pode olhar para o dinheiro na conta dela e pensar: "Uau, dá pra comprar um supercelular!". Então gasta o salário que ela não irá receber no mês que vem todo de uma vez. Aí, no mês seguinte, à medida que as contas vão chegando e não tem mais dinheiro nenhum na conta, ela se pergunta: "Nossa, mas o que será que aconteceu?".

A resposta é simples: o que aconteceu foi que você não se planejou e esqueceu que, com as férias, recebe dois salários em um mês e nenhum quando retorna ao trabalho.

Na seção Anexos você encontrará a planilha de projeção anual que chamo de *Eduardo & Mônica*, em homenagem ao nosso querido casal que nos serviu de exemplo nessa iniciação em finanças familiares. Nesta mesma seção você encontrará um passo a passo de como preencher a planilha, um exemplo comentado e um exercício para colocar em prática o que acabou de aprender.

APLICATIVOS DE CONTROLE FINANCEIRO

Hoje existem muitos aplicativos diferentes para auxiliar pessoas e famílias a organizarem suas finanças. Os aplicativos são uma ótima ferramenta, *porém*, tenho visto que são úteis de verdade quando o usuário já tem a prática disciplinada de atentar para os gastos e fazer um orçamento.

Num primeiro momento, preencher o aplicativo pode dar a impressão de que você está realmente fazendo o seu orçamento. Mas na realidade, você só está alimentando o aplicativo com informações. Se você não analisar os dados e gráficos que o aplicativo gera, não vai haver controle nenhum. O aplicativo não vai pensar por você.

Assim, se ainda não tem esse costume, sugiro que use a boa e velha planilha financeira no computador mesmo, até que tenha desenvolvido seus músculos econômicos para, então, migrar para um aplicativo. Até mesmo fazer a planilha na mão é bem útil, se você ainda não desenvolveu habilidades para fazê-la no computador. Porém, também aqui, não se contente com o que alcançou: procure aprender mais. A tecnologia pode ser muito benéfica para você, e lhe poupará muito tempo.

Em casa, usamos o Planilhas Google, pois conseguimos mexer na planilha simultaneamente, de forma muito prática. Ela fica na nuvem, e sempre que precisamos acessá-la ou alterá-la, ambos já ficamos com as atualizações. Deixei de usar soluções que ficavam armazenadas em um ou outro computador, pois isso gerava redundância ou até mesmo versões desatualizadas. Existem outros softwares para fazer planilhas, alguns gratuitos, outros pagos. O mais importante é ter uma planilha à qual ambos tenham acesso.

Terceira lei: Economize recursos

Quanto vocês têm **reservado** em caso de uma **emergência** familiar (doença, falta de emprego, uma viagem de última hora)?

Depois que já tiver a prática de gastar menos do que ganha e saber quanto deve sobrar, você está pronto para observar a terceira e última lei, que diz respeito ao que fazer com a sobra mensal.

Talvez você pense que essa sobra é para comprar um celular recém-lançado ou fazer uma viagem legal em família. Pode até ser. Mas existem alguns usos mais nobres, digamos assim, para as moedinhas que sobram no final do mês. Um deles é separar esse dinheiro para fazer uma reserva para o tempo das vacas magras.

Há duas reservas que toda família deve ter: espiritual e financeira.

Reserva espiritual

Pense no quanto investimos para conquistar o que desejamos. Para comprar um carro, por exemplo, as pessoas fazem horas extras todos os dias, privando-se do convívio com a família e de outras atividades, em troca de um salário adicional.

Não vejo nenhum mal nisso. Porém, tenho reparado que o que era feito com um propósito (comprar o carro) acaba sendo feito apenas para ganhar mais dinheiro. E qual o propósito desse dinheiro? Alimentar nossos desejos mais aleatórios. O que era temporário passa ser o novo normal. Parece até legal dizer o quanto se é importante de tanto que se trabalha. Porém nem eu nem os novos RHs corporativos acreditamos mais nisso. Se até os empregadores estão preocupados com sua saúde física e emocional, é hora de você rever sua reserva espiritual.

Enquanto a matéria-prima da reserva financeira é o dinheiro, a matéria-prima da reserva espiritual é o *tempo*. O tempo é o recurso mais precioso que podemos ter na vida, porque ele não pode ser

COMO GERIR OS RECURSOS DO LAR? **71**

comprado nem aumentado. Eu diria, aliás, que todos os outros recursos só podem ser construídos a partir do tempo: tempo para trabalhar e ganhar dinheiro, tempo para estudar e ganhar conhecimento etc.

Assim como temos usados exercícios para avaliar e planejar sua reserva financeira, proponho agora alguns exercícios para avaliar sua reserva espiritual.

1. Quanto tempo semanal (em horas)* você tem investido em cada uma das seguintes situações?

- [ ] Descanso
- [ ] Deslocamento (até o trabalho, academia, mercado etc.)
- [ ] Espiritualidade (meditações e orações pessoais)
- [ ] Família (passeios, tempo de refeições na mesa, momentos juntos)
- [ ] Interação social (tempo com irmãos em Cristo e pessoas fora do ambiente de trabalho)
- [ ] Investimento pessoal (academia, estudos, hobbies, leitura etc.)
- [ ] Organização da casa (limpeza, preparo de comida etc.)
- [ ] Planejamento (financeiro, sonhos futuros, organização do tempo etc.)
- [ ] Relacionamento conjugal (tempo a sós com o cônjuge)
- [ ] Trabalho
- [ ] Uso do celular/internet (redes sociais, jogos, navegação na web etc.)

168h TOTAL

2. Com base nas respostas que registrou anteriormente, como você diria está gerindo seu tempo?

_____

_____

*Considerar 7 dias corridos. O total deverá ser 168 horas. Por exemplo: Descanso 8 horas por dia x 7 dias = 56 horas. Sobram 112.

Nas vezes que apliquei este exercício em cursos, palestras e atendimento pessoais, notei grande investimento de tempo nas seguintes áreas:

- trabalho (chega a ser o dobro do tempo de descanso);
- deslocamento (principalmente em cidades grandes);
- celular/internet (principalmente redes sociais). Em alguns casos, o uso da tecnologia chegou a empatar em horas com o tempo de descanso.

Os últimos lugares foram para:

- família, em antepenúltimo;
- espiritualidade (mesmo entre cristãos), em penúltimo;
- planejamento, em último (como você talvez imaginasse).

Concluo que a maioria das pessoas está usando o recurso mais precioso para construir vários tipos de reserva, menos a espiritual. Essa é uma consequência inevitável: se o tempo vai para todas as outras atividades, a reserva espiritual fica vazia, já que ela só pode ser construída a partir do tempo.

Para corrigir isso, tenho sugerido usar uma escala de prioridades que um amigo pastor me ensinou:

1. Deus (espiritualidade)
2. Família
3. Trabalho
4. Igreja (interação social)

A ideia de atribuir a prioridade certa às coisas é esta: "Coloque as primeiras coisas em primeiro lugar e teremos as segundas coisas.

Coloque as segundas coisas em primeiro lugar, e perderemos tanto umas como as outras".[9]

Desta forma, Deus vem em primeiro lugar em tudo que você fizer. Ele deve ser honrado sobre todas as coisas (Provérbios 3:5-6).

Em segundo lugar está a família. Ela é seu primeiro ministério. A família vem antes de qualquer função na igreja ou até mesmo do trabalho (Provérbios 11:29; 15:27; Mateus 10:25; 1Timóteo 3.5; 5:8).

Em terceiro está o trabalho. Como vimos, ele é provisão de Deus para edificar sua vida e colocar para funcionar as habilidades que o Senhor lhe deu, em favor do bem comum. Este também é o meio pelo qual Deus sustenta a família (Gênesis 2:15; Provérbios 22:29; Eclesiastes 2:24; 5:15, 29; 10:15).

Em quarto lugar está a Igreja. Ela foi criada por Jesus para acolher as pessoas em família, num novo Corpo. Trata-se de um local para todo tipo de gente, e tem o propósito de edificar vidas (1Coríntios 14:26). A Igreja deve ser cuidada a exemplo das demais questões de sua vida (Efésios 5:29), por isso ela vem depois da família e do trabalho.

Ao entender as prioridades, fortalecemos todos os relacionamentos e criamos nossa reserva espiritual. Ao atravessarmos momentos de aflições, teremos mais força e energia para superá-los e aprender com eles, em vez de sermos destruídos.

para refletir em casal

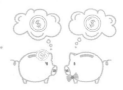

- O tempo investido no trabalho fora de casa tem afetado a paz e o relacionamento de sua família?
- A falta ou o excesso de trabalho tem afetado sua família? Se sim, como?

Reserva financeira

Uma certeza que posso lhe dar – tão certa quanto a volta de Cristo – é a de que nós, sem exceção, passaremos por problemas (Isaías 43:1-3;

74 NA RIQUEZA E NA POBREZA

João 16:33), sem dúvida, por problemas financeiros. Até o maior gênio financeiro da história deste país terá dificuldades econômicas. É para isto que precisamos de reservas financeiras: para ter sustento nos dias difíceis.

Fazer reserva significa que você é um sábio administrador dos recursos providos pelo Senhor: "Na casa do sábio há comida e azeite armazenados, mas o tolo devora tudo o que pode" (Provérbios 21:20).

Se os problemas são certos, você tem o dever de se preparar. Deus lhe deu condições de fazer isso, tanto lhe provendo a habilidade para gerar recursos (o seu trabalho) como lhe provendo sabedoria e inteligência para poupar. Até as formigas – animais que não têm nem um milésimo da inteligência que você tem, tendo sido criado à imagem e semelhança de Deus – são capazes de fazer reservas (Provérbios 6:6-8). Se você acha que não dá para poupar, a Bíblia é clara: olhe para as formigas e aprenda com elas.

O que uma pessoa sensata faz quando sabe que uma tragédia está para acontecer? Ela se prepara. Estar preparado não é ter falta de fé. É, em vez disso, uma demonstração de sensatez, obediência. Deus quer que sejamos cautelosos. Entre tantos conselhos que já mostrei aqui, o livro de Provérbios ainda ensina que ser sábio é ser prudente: "O prudente percebe o perigo e busca refúgio; o inexperiente segue adiante e sofre as consequências" (Provérbios 22:3; 27:12). Lembre-se: ser sábio é temer a Deus. Então, se ser prudente é sinal de sabedoria, preparar-se para o perigo é uma prova de que se teme a Deus.

Não pretendo me alongar muito nos detalhes de como fazer a reserva financeira, deixo algumas sugestões de vídeo nas notas deste capítulo.[10] Mas, de maneira simples e prática, vamos ver o que é a reserva, quanto se deve ter de reserva, e como criá-la.

A reserva é um fundo de segurança que você irá usar em casos de emergência: desemprego, problemas de saúde, um acidente na casa ou com o carro... Quem define o que é emergência é você, mas, como base, pode usar a seguinte pergunta para se orientar: essa situação coloca em risco minha vida, a de minha família ou nossa sobrevivência? Se sim, acredito que se trata de uma situação de emergência.

Agora, quanto poupar? A conta básica: guarde seis vezes o valor que sua família precisa para se manter durante um mês. De quanto sua família precisa para se manter (atenção: estou falando de se manter, e não de extravagâncias) por mês? A planilha H2O pode ajudá-lo a responder essa pergunta. Depois multiplique esse valor por seis, e você encontrará a quantia de sua reserva de emergência.

Quer um exemplo? Volte lá na história do Eduardo e da Mônica. Vimos que o gasto mensal deles é de R$ 5.910,00. Não sabemos quanto eles ganham de salário, mas sabemos que isso é o que gastam todo mês. A reserva de emergência deles deve ter seis vezes esse valor, o que dá R$ 35.460,00.

Só há um jeito de criar sua reserva de emergência: poupando o que sobra mês a mês até atingir o valor proposto. Nem sempre é fácil manter-se tão focado. Por isso, deixo algumas dicas:

- Crie uma conta específica para sua reserva de emergência. É recomendado buscar uma aplicação que seja mais rentável que a poupança. Embora a poupança traga certa segurança, ela paga o menor juro do mercado, às vezes até abaixo da inflação. Vale pesquisar mais sobre esse tema – confira os vídeos que listo na última nota deste capítulo. O mais importante é não deixar o dinheiro misturado na sua conta-corrente (para não correr o risco de usá-lo "sem querer querendo"). Evite também contas que cobrem manutenção mensal.
- Coloque a reserva de emergência dentro da lista de "gastos mensais" e separe o valor dela logo de cara. Encare-a como uma obrigação, um "boleto" de você para você mesmo.
- Lembre-se sempre do propósito disso tudo. Defina o que é importante para você, assim você gasta menos tempo e menos dinheiro no que não interessa e terá mais tempo e mais dinheiro para investir onde colocou o alvo.

Assim como a reserva espiritual, a reserva de emergência não é construída da noite para o dia. É claro que, quanto antes conseguir poupar, melhor, porque nunca se sabe quando a emergência virá. Para isso, vocês podem avaliar se tudo o que está em sua planilha H2O é realmente necessário. Falaremos mais a respeito disso nos próximos dois capítulos.

Resumir *para* compartilhar

Aqui estão os principais pontos que abordamos neste capítulo. Relembre o que você aprendeu em cada um deles e compartilhe esses princípios com seus familiares. Ser bom administrador dos recursos dados por Deus é responsabilidade de toda a família – principalmente do casal que lidera a casa. Busquem sempre crescer nessa prática, a fim de que Deus os considere fiéis e se alegre em colocar cada vez mais recursos sob sua responsabilidade.

- Ser bom gestor significa saber onde e quando utilizar os recursos que o Senhor me dá.
- Ficar com a conta negativa não é um evento repentino. Isso é o resultado de uma série de escolhas financeiras.
- Minha vida financeira pode ser planejada e prevista.
- Ao planejar, reflito a imagem do Criador e demonstro meu temor a ele.
- Planejar é ter um objetivo para o uso do recurso e um momento para fazer isso.
- A primeira lei de um bom planejamento é gastar menos do que ganho. Isso envolve saber o quanto minha família e eu ganhamos, e o quanto minha família e eu gastamos por mês.
- A segunda lei do planejamento diz respeito a fazer um orçamento anual dos gastos familiares para saber quando precisamos de mais e menos dinheiro, e nos organizar quanto a isso.
- A terceira lei do planejamento envolve fazer reservas. Reservas são importantes porque, cedo ou tarde, teremos problemas financeiros.
- Ter reserva é sinal de sabedoria e fé em Deus.

3

Qual é o perfil financeiro da sua família?

Quanto dinheiro você terá disponível para as **férias** daqui a **seis meses**?

Durante um bom tempo, não me foi fácil responder a essa pergunta. Aliás, a resposta parecia simples, se olhasse apenas para o valor que receberia da empresa como pagamento das férias. Mas era um chute, uma estimativa não exata. Como mencionei no capítulo anterior, não é bom viver assim. A única forma garantida de enxergar seu futuro financeiro é olhar para ele mês a mês, criando o que em finanças é chamado de projeção financeira – o fluxo de controle de seus ganhos e gastos, projetados mês a mês. Parece um mistério, mas com um pouco de disciplina e bom ânimo você vai conseguir (João 16:33), como eu consegui e muitas outras pessoas também já conseguiram. Vamos olhar para a planilha H2O!

Preencher a planilha H2O é uma experiência única. Nos cursos que ministro para casais e noivos, percebo como as diferentes prioridades vão despontando nos casais. Orçar quanto vão gastar em água e luz pode até ser simples, mas quanto irão separar para comida e viagens já serve de combustível para um pequeno incêndio entre os dois. Pensar, então, num projeto para a vida, imaginando os próximos seis meses, me leva, às vezes, a ter de chamar o corpo de bombeiros!

Uma vez um casal mais experiente, com dois filhos grandes e bons anos de casados, passou por uma conversa comigo. Disseram que durante seus vinte e tantos anos de casamento, nunca haviam feito uma planilha. É claro que a vida financeira da família estava uma bagunça. Até os filhos já tinham o CPF comprometido com dívidas contraídas pela família. Uma confusão das grandes.

Com o mesmo conhecimento que você está adquirindo neste livro, eles conseguiram enxergar os problemas e, com um pouco de foco, construíram sua planilha H2O. Sem ter de recorrer a sistemas complexos de gestão financeira, apenas preenchendo uma simples planilha, começaram a enxergar diversas saídas no fim do túnel. Eles até se surpreenderam com as diversas possibilidades que começaram ver. Pensaram em como organizar melhor as despesas da casa, organizaram o trabalho, já que ambos eram autônomos, e foram colocando a vida financeira em ordem. Entre as muitas coisas que poderia destacar a respeito desse casal, o que me chamou muito a atenção foi terem começado a tomar decisões juntos de forma mais assertiva. Exerceram o princípio de possuírem uma só planilha, e assim se fortalecerem nas decisões. Não foi nada complexo. Um exercício simples devolveu a família à harmonia.

Em geral, a maioria dos casais não tem boa visualização dos gastos coletivos, isto é, o que cada um tem de despesas ou pensa em ter. Sempre vejo as caras de espanto quando começam a preencher suas planilhas (e isso não acontece só com os mais novos não). Mas também vejo grande contentamento quando entendem que, se ajustarem os gastos de acordo com o ganho do casal, a vida será bem mais leve.

Esse processo de aprendizado, essas descobertas são normais porque as pessoas não lidam com o dinheiro da mesma forma.

O problema está em *não perceber* a diferença e achar que a forma do outro é errada, em vez de diferente.

Talvez você já tenha chegado a essa conclusão na sua casa, por experiência própria. Talvez tenha percebido que seu cônjuge e você falam praticamente dois idiomas quando o assunto é administrar o dinheiro. Isso gera desentendimento – praticamente uma Torre de Babel financeira –, como também potencializa atritos entre o casal, afetando outras áreas do relacionamento. Na verdade, creio que o dinheiro malcuidado serve apenas para aumentar, como uma lente, questões não resolvidas em outras áreas do matrimônio.

É primordial que os casais entendam que língua cada um dos cônjuges fala quando forem se sentar para administrar os gastos da família. Comece reparando que só a palavra "dinheiro" já significa coisas diferentes para as pessoas. Para uma, pode dar a ideia de segurança; para a outra, de liberdade. Alguns associam dinheiro a poder; outros, a prazer. Há quem encare o dinheiro como sinônimo de dívidas, de problemas, de um mal a ser evitado. Para outros, é sinônimo de bênção.

E para você, qual palavra melhor descreve o dinheiro? Pense aí, porque logo você terá de escrever sobre isso.

Em segundo lugar, há vários fatores que determinam a maneira pessoal de se relacionar com o dinheiro:

- Personalidade;
- Criação e contexto familiar;
- Contexto social;
- Contexto religioso;
- Influências atuais;
- Maturidade espiritual;
- E muitas outras.

É importante fazer essa reflexão sobre por que você vê o dinheiro da forma como o encara hoje. Que pessoas exerceram maior influência na sua vida em relação a finanças? Quem, de seu círculo de convivência, você considera um exemplo no trato com o dinheiro? Atenção, não estou perguntando quem tem uma condição financeira que você considera ideal, mas quem lida com o dinheiro de uma forma que o inspira.

80 NA RIQUEZA E NA POBREZA

Responda a essas perguntas a seguir e convide seu cônjuge para respondê-las também.

	Você	Seu cônjuge
Qual palavra melhor descreve o dinheiro?		
Quais pessoas exerceram maior influência na sua vida em relação a finanças?		
No seu círculo de convivência, quem lida com o dinheiro de uma forma que o inspira?		
Qual sentimento você tem sobre dinheiro?		

PERSONALIDADES FINANCEIRAS

As diferentes formas de ver o dinheiro vão impactar diretamente o jeito como cada um usa o dinheiro. Por exemplo: pessoas que veem o dinheiro como fonte de segurança vão usá-lo deixando-o aplicado. Em contrapartida, quem vê o dinheiro como fonte de poder irá usá-lo para criar experiências que lhe deem a sensação de poder, algo como viajar de primeira classe ou pagar toda a conta do restaurante para os amigos. Entenda que nenhuma dessas coisas é errada em si mesma. Elas são só uma demonstração externa daquilo que entendemos interiormente que o dinheiro pode nos dar.

Resumi as diferentes maneiras de ver e usar dinheiro em cinco personalidades básicas.[1] Nomeei cada personalidade em homenagem a personagens de diferentes parábolas de Jesus. Nem todas as parábolas que menciono aqui falam especificamente de dinheiro, mas todas tratam de comportamento em relação à administração que as pessoas fizeram dos mais diversos tipos de recurso que receberam.

As cinco personalidades financeiras possuem pontos positivos e negativos. Entenda que esses pontos *não* têm a ver com a condição espiritual de cada personagem dentro da parábola, e sim com os detalhes de como lidaram com seus recursos.

Tenha em mente também que nós nem sempre vemos o dinheiro do mesmo jeito. Às vezes contamos as moedas, e no dia seguinte estamos gastando em mimos ou luxo. Mas a maioria de nós tem um comportamento predominante em relação a finanças. Assim, enquanto lê os perfis, pergunte-se: é assim que eu me comporto em relação ao dinheiro na maior parte do tempo? Convide seu cônjuge a ler também e a identificar qual é a personalidade que mais se assemelha a ele.

para refletir em casal

- Quais são as forças da personalidade financeira de cada um de vocês?
- Quais são as fraquezas de suas personalidades financeiras?
- Como vocês podem equilibrar seus pontos fracos e fortes como casal?

O fazendeiro acumulador (Lucas 12:16-20)

Este fazendeiro teve uma safra fenomenal. Ele recolheu tantos grãos que seus celeiros não eram mais capazes de armazená-los. Assim, o que o fazendeiro decidiu fazer? Derrubar os celeiros e construir outros maiores, pensando em acumular mais e mais.

Deus o chama de "louco" (ou "insensato", em outras traduções) porque o objetivo final do homem ao edificar novos celeiros era o de acumular para si os recursos dados pelo Senhor (v. 21). O problema não está na quantidade de riquezas que seu trabalho produziu (o problema, aliás, nunca está *nelas*), mas em sua mentalidade de acumulá-las, com grande medo de perdê-las. Ele acreditava que sua segurança e sua alegria dependiam da riqueza, e que estaria seguro enquanto a tivesse.

82 NA RIQUEZA E NA POBREZA

Foi o que o fazendeiro disse a si mesmo quando contemplou os celeiros cheios: "Descanse, coma, beba e alegre-se!" (v. 19). Sua mentalidade demonstra que é avarento e mesquinho para com Deus e para com outras pessoas, pois naquela mesma noite a sua vida lhe será exigida (v. 20).

Em geral, pessoas assim tendem a nunca dividir ou nem mesmo abençoar, pois estão sempre em busca de guardar mais, com medo de perder, esquecendo que tudo lhes foi dado por Deus.

Todavia, também enxergo pontos positivos na vida do fazendeiro. Jesus disse que ele já era rico antes mesmo da supersafra (v. 16). Isso indica que era um homem trabalhador e responsável na administração de suas posses. Ninguém fica rico sem trabalhar. Quem recebe herança e não é sensato, em geral, perde tudo em poucos anos, pois não sabe o valor real do que ganhou. O fato de a terra do fazendeiro ter produzido muito indica também que ele era disciplinado no cuidado de seu campo, pois sabia que sua renda dependia dele.

Acumular é bom, mas precisa ter propósito. Lembre-se de José do Egito, que mencionamos no capítulo 2. Ele acumulou a produção da terra, mas não foi para ele. Ele acumulou em benefício de um povo todo. Mesmo assim, não deixou de ser quem era. Não deixou de ser rico e ter poder; aliás, ganhou ainda mais autoridade.

- **Palavras-chaves**: segurança, acúmulo, trabalhador, propósito.
- **Pontos fortes**: disciplina; responsabilidade com suas posses; capacidade de economizar, trabalho que gera resultado.
- **Pontos fracos**: propensão à avareza e a um padrão de vida medíocrè (por estar sempre economizando e não querendo gastar antes de acumular muito, nunca pode perder ou doar com fartura); restrições a novas experiências (mesmo podendo usufruir, deixa de ter bons momentos com a família com o medo de perder a segurança ao gastar).

O filho pródigo (Lucas 15:11-14)

Esta é uma das histórias mais famosas de Jesus. O filho mais moço de um homem rico pede ao pai para lhe adiantar sua parte na herança — um pedido absurdo e desrespeitoso. O pai, contudo, concede o que o

QUAL É O PERFIL FINANCEIRO DA SUA FAMÍLIA? **83**

filho pediu. O rapaz, então, parte em viagem. Longe de casa, o filho "desperdiçou os seus bens, vivendo irresponsavelmente" (v. 13).

A palavra "pródigo" significa "esbanjador", e algumas traduções da Bíblia apontam que o jovem viveu "prodigamente", ou seja, sem fazer questão de poupar nada. Os filhos pródigos estão sempre prontos a gastar o que têm, e até o que não têm, com qualquer coisa que lhes dê prazer. Na história de Jesus, lemos apenas que o rapaz gastou os bens que recebera do pai com prazeres da carne (v. 30). Imagino-o patrocinando grandes banquetes com "amigos", entre todos os tipos de interesseiros e aproveitadores, atraídos pela sua liberalidade e pelo seu dinheiro.

O problema desse estilo pródigo de administração financeira é que, quando o dinheiro acaba, tudo acaba. O jovem falido também ficou sem amigos durante a crise que atingiu a região, sendo obrigado a se submeter a uma espécie de subemprego, chegando a comer resto de comida que iria para os porcos (vs. 15-16).

Um ponto positivo do filho pródigo está justamente em sua disposição de gastar o dinheiro em vez de vê-lo se acumular sem propósito. Para esta personalidade, recursos não possuem um fim em si mesmos; eles devem ser usados como meio para alcançar outras coisas. Assim, um dos principais fins do dinheiro do filho pródigo é proporcionar prazer para si mesmo e para os que o cercam. Porém, quando isso acontece fora de controle, torna-se um grande problema.

- **Palavras-chaves**: prazer, liberalidade, convívio social.
- **Pontos fortes**: desapego do dinheiro; abertura a novas possibilidades; utilização dos recursos para o benefício de outros.
- **Pontos fracos**: dependência extrema de estabilidade no emprego e na economia; aversão a controles, orçamentos, contas e restrições.

O convidado negligente (Mateus 22:1-10)

Um rei preparou um banquete para o casamento de seu filho. Quando estava tudo pronto, de acordo com os costumes da época, o rei mandou seus servos chamarem os convidados para a celebração. No entanto, esses convidados não quiseram ir. Mais do que ignorar o convite, eles negligenciaram a oportunidade que receberam: "Eles não

84 NA RIQUEZA E NA POBREZA

lhes deram atenção e saíram, um para o seu campo, outro para os seus negócios" (v. 5).

O rei chama seus convidados de "indignos" (v. 9). Por não saberem o valor do convite que estavam recebendo, negligenciaram este recurso (o convite) e foram cuidar de coisas que julgavam ser mais importantes. Porém, tão desligados que eram, nem perceberam que ainda eram súditos do rei que desprezaram. Assim, não importava o quanto trabalhassem em seu campo ou em seus negócios, sua negligência uma hora pesaria sobre eles. Foi o caso de outros convidados que, além de recusarem o convite para a festa, assassinaram os servos do rei. Em retaliação, este rei destruiu os convidados e arrasou sua cidade (vs. 6-7).

Os negligentes nunca têm o suficiente, mas nunca sabem o porquê. Não sabem o que estão recebendo, nem o que estão recusando. Porém, estão sempre ocupados demais para lidar com isso. Não percebem, contudo, que não importa o quanto trabalhem, sua negligência sempre arrasará todos os seus sonhos e as coisas que consideram mais urgentes.

O negligente é o único perfil que tem somente um ponto forte. Ao mesmo tempo que não se apega ao dinheiro, não utiliza o que tem para nada proveitoso, então, embora pudesse usar isso como ponto de destaque, acaba destruindo o que conquistou. Vive correndo atrás do prejuízo, mas não para e reflete sobre qual é a causa de tantas perdas.

- **Palavras-chaves**: inconsciência, escassez, descontrole.
- **Ponto forte**: desapego.
- **Pontos fracos**: indisciplina; propensão a conflitos; pagamento desnecessário de juros; desorientação.

A pessoa tola (Mateus 25:1-10)

Num outro cenário de casamento, Jesus fala de dez moças que foram convidadas para fazer parte das comemorações – uma espécie de damas de honra. Elas deveriam acompanhar o noivo pelas ruas da cidade até a casa da noiva. Para isso, precisavam ter em mãos uma candeia, a fim de iluminar o caminho e dar beleza à festa.

Todas as moças tinham uma candeia à disposição. Porém, para que a candeia continuasse acesa, também era preciso óleo. Metade das damas se esqueceu do óleo. Resultado: o noivo demorou a chegar e,

QUAL É O PERFIL FINANCEIRO DA SUA FAMÍLIA? **85**

quando pensaram em ir comprar mais óleo, o noivo veio e elas ficaram de fora da festa.

Jesus diz que essas moças eram "insensatas"; outras traduções dizem que eram "néscias" ou "loucas". O sentido é que eram "tolas", "sem juízo". Apesar de terem os recursos necessários, não administraram o que possuíam. Não sabiam quanto tinham de óleo e nem quanto faltava. Essas damas não se precaveram diante do futuro, simplesmente receberam o convite e foram para a festa, sem qualquer planejamento. Não chegaram a pensar se o óleo seria suficiente. Na hora H, perceberam que seus recursos eram insuficientes e pagaram caro por isso.

Embora a Bíblia fale de mulheres, este não é um comportamento feminino. É um comportamento humano insensato. São as "pessoas tolas", que vivem no mundo das nuvens. Aliás, vejo em grande parte homens sendo muito mais tolos nessa hora de cuidados, enquanto testemunho as mulheres tendo de apagar os incêndios.

Um ponto positivo desta personalidade, porém, é que ela possui os recursos necessários para se manter. Ela também mantém um controle mínimo dos seus bens, e tem condições de adquirir o que é necessário para sua sobrevivência. O problema é que a pessoa tola apenas reage às situações, em vez de planejar. Com isso, perde oportunidades únicas e pode pagar mais caro por ter de comprar coisas em cima da hora.

- **Palavras-chaves**: manutenção, ingenuidade, economia.
- **Pontos fortes**: folga financeira; possibilidade para reduzir ou rearranjar gastos conforme for necessário.
- **Pontos fracos**: incapacidade de estipular e atingir objetivos; resistência a planos que exijam disciplina.

O encarregado prudente (Mateus 24:45-47)

Nesta última parábola, um homem rico vai viajar e deixa "os de sua casa", ou seja, toda a família e os demais empregados, sob a responsabilidade de um encarregado. Este encarregado deveria "dar alimento" a todos "no tempo devido" (v. 45). Quando o chefe volta de viagem, encontra o encarregado fazendo exatamente o que lhe fora estipulado. Como recompensa, o proprietário "o encarregou de todos os seus bens", provavelmente de modo definitivo (v. 47).

86 NA RIQUEZA E NA POBREZA

Talvez a grande sacada do encarregado, que lhe rendeu seu êxito, tenha sido ter entendido que os recursos sob sua responsabilidade não eram seus, mas que havia um dono, e que, por isso, precisava administrá-los com todo rigor para que os compromissos fossem honrados na hora certa. Além disso, como o chefe não lhe informara quanto tempo passaria em viagem, o encarregado percebeu a necessidade de gerir os bens de tal forma que houvesse reservas em caso de emergência.

Outro detalhe importante da administração desse encarregado prudente foi o entendimento de que o dinheiro deixado em suas mãos tinha um propósito específico: suprir os outros habitantes da casa. Sendo assim, ele geriu o recurso com base nessa prioridade.

Este é o único perfil que não possui, em si mesmo, pontos negativos. Não que as outras pessoas não se incomodem com seu controle, ou discordem da sua visão. Ele, porém, não se importa com a opinião delas. Sua prioridade é cumprir com perfeição o dever estabelecido pelo dono dos recursos. Afinal, é para ele que prestará contas.

- **Palavras-chaves**: objetivo, controle, responsabilidade.
- **Pontos fortes**: foco; facilidade em desenvolver planos e colocá-los em prática; seleção crítica de investimentos; capacidade de empregar melhor o dinheiro.
- **Pontos fracos** (aos olhos dos outros): ser um desmancha-prazeres; controle desnecessário e minucioso.

Com base nas **personalidades** anteriores, selecione:

Qual é a sua personalidade financeira?	Qual é a personalidade financeira do seu cônjuge?
☐ Fazendeiro acumulador	☐ Fazendeiro acumulador
☐ Filho pródigo	☐ Filho pródigo
☐ Convidado negligente	☐ Convidado negligente
☐ Pessoa tola	☐ Pessoa tola
☐ Encarregado prudente	☐ Encarregado prudente

O que acontece quando as personalidades se casam?

Como você já sabe, o casal deve viver como uma só carne também nas finanças. Os dois olham, planejam e administram juntos os recursos que Deus deu à família. Porém, não é tão simples assim fazer isso na prática quando há divergências na forma de cada um idealizar o uso do dinheiro.

Assim, dependendo do mix de personalidades que foi feito no casamento, podemos esperar um certo clima na relação do casal na hora de administrar o dinheiro. Confira na tabela a seguir o resultado que o casamento entre perfis distintos pode gerar.

Encarregado prudente	MUITO tenso	MUITO tenso	possibilidade de **riqueza**	**riqueza**	**riqueza**
Fazendeiro acumulador	MUITO tenso	tenso	possibilidade de **riqueza**	riqueza com risco de **avareza**	**riqueza**
Pessoa tola	risco de **pobreza**	conflitos	risco de perder a **riqueza**	possibilidade de **riqueza**	possibilidade de **riqueza**
Filho pródigo	**pobreza**	risco de **pobreza**	conflitos	tenso	MUITO tenso
Convidado negligente	**pobreza** severa	**pobreza**	risco de **pobreza**	MUITO tenso	MUITO tenso
	Convidado negligente	Filho pródigo	Pessoa tola	Fazendeiro acumulador	Encarregado prudente

Se você e seu cônjuge descobriram que não possuem o mesmo perfil financeiro, não precisam entrar em pânico. É mais normal do que vocês imaginam.

O importante é vocês detectarem os pontos de conflito que podem surgir na interação entre suas personalidades e se anteciparem a eles quando forem tratar de finanças. Estabeleçam um acordo e neutralizem suas diferenças na medida do possível, a fim de que nada disso seja um impedimento para vocês serem uma só carne também na planilha.

Percebam, porém, que é possível que você e seu cônjuge não experimentem nenhum conflito na hora de lidar com o dinheiro. Isso geralmente acontece quando o casal tem personalidades financeiras parecidas ou complementares. Neste caso, a relação tende a ser tranquila. Isso acontece porque valorizam as mesmas coisas e tratam do dinheiro do mesmo jeito. Talvez haja discussões em coisas bem específicas, tipo: um quer viajar para a praia e o outro, para o campo; um quer investir em ações do Banco X e o outro que investir nas ações da Empresa Y. Porém, tirando essas particularidades, casais do mesmo perfil tendem a ver e usar o dinheiro da mesma forma.

No entanto, quero deixar um alerta: *não brigar sobre dinheiro não significa que a vida financeira esteja* o.k. Da mesma forma, constantes brigas a respeito de finanças não indicam que a saúde financeira do casal esteja ruim. Isso pode querer dizer que vocês pensam igual. Pode ser que vocês concordem em viver numa bagunça financeira, e aí estão sempre tranquilos, apesar de os recursos sob a sua responsabilidade estarem sendo desperdiçados.

Independentemente de sua personalidade financeira e de seu cônjuge, uma coisa é certa: a união de vocês gera uma nova realidade, na qual algumas forças podem ser potencializadas, e algumas fraquezas podem ser ressaltadas – bem como é possível que algumas fraquezas sejam atenuadas e algumas forças sejam igualmente diminuídas.

Com isso em mente, concluímos que as finanças do casal não serão geridas de acordo com o perfil de um só cônjuge, mas segundo a *junção* das personalidades dos dois. É esse mix de personalidade que vai ditar a vida financeira do casal, levando-o à riqueza ou à pobreza, e não as forças ou fraquezas individuais.

Neste ponto, você e seu cônjuge têm de avaliar o que pode ser mantido e o que precisa desesperadamente de uma intervenção. A despeito do resultado que tenham obtido com a junção de suas personalidades e do que vocês já tenham vivido em termos financeiros em seu relacionamento, *vocês podem escolher melhorar*. As informações da personalidade financeira e das tabelas de relacionamento não são uma cruz que vocês têm de carregar para o resto da vida. Funcionam como um termômetro: você aplica a si mesmo e verifica qual é o seu estado *agora*. O termômetro não define como sua família estará amanhã. Quem escolhe é você e seu cônjuge.

Assim, convide seu cônjuge para fazerem a seguinte reflexão em conjunto:

- Qual é a condição das finanças de nossa família HOJE?

- Como a saúde de nossa vida financeira tem interferido em nosso relacionamento conjugal?

- A que ponto de administração financeira gostaríamos de chegar? Como gostaríamos que fosse o dia a dia de nosso relacionamento no que diz respeito às finanças da família?

90 NA RIQUEZA E NA POBREZA

Listem de três a cinco pontos que vocês, como casal, poderiam melhorar em relação às finanças, e tracem como conquistar essa melhoria.

Pontos a melhorar	Como faremos isso acontecer
1.	
2.	
3.	
4.	
5.	

Assim, não fiquem só na teoria ou na leitura do livro. Coloquem em prática o aprendizado. Vida financeira é como exercício físico: sem praticar não se chega aos resultados. Agora que sabem um pouco mais sobre o outro, tracem um plano de equilíbrio. Busquem uma forma de se entenderem.

A CULPA É TODA DELA (OU DELE)!

Jogar a culpa no outro pelo caos financeiro não é novidade e nem um problema que só certos casamentos enfrentam. Desde que Adão jogou sobre Eva a culpa de terem desobedecido a Deus (Gênesis 3:12), casais vêm repetindo o mesmo comportamento em todas as áreas de sua relação.

No entanto, encontrar o culpado da situação não significa resolver o problema. Mais importante que isso é praticar o perdão.

O perdão faz parte do processo de restauração financeira de qualquer família. Ele é o caminho para se libertar de dívidas e amarras que nos tornam escravos do dinheiro. Ele também é a única forma de reaproximar cônjuges que foram feridos ou desrespeitados pelas escolhas financeiras do outro.

Assim, a primeira escolha que você e seu cônjuge devem fazer em sua vida financeira é perdoar um ao outro e a si mesmos (Mateus 6:12). Sem essa atitude, as melhores dicas e sacadas dos gênios financeiros não farão efeito nenhum em sua casa.

AS PRIORIDADES DA FAMÍLIA

Qual é o **custo mensal** de sua família?

É essencial para a boa gestão dos recursos da casa saber quanto é preciso ter mensalmente na conta para cobrir as despesas-padrão da casa.

Parece simples, mas não é. A dificuldade está em definir o que seriam *despesas-padrão*.

Cada família tem de definir o que é necessário para sua sobrevivência. Acredito que pagar a conta de água e luz é básico em qualquer casa. Comida também. Mas e internet? TV a cabo? Academia? Na planilha H2O aparecem vários itens, mas cabe a você e seu cônjuge definir quais deles são *essenciais* para sua família.

Por que esse passo é necessário? Do aspecto prático, ele é fundamental para:

- Avaliar se seu padrão de vida condiz com sua renda.
- Determinar o quanto será preciso ter como reserva de emergência.
- Verificar o que não é prioridade e pode ser cortado.

Minha esposa e eu fizemos esse exercício. Muito mais do que poupar alguns reais, encontramos muito mais tempo para nos dedicar um ao outro. Avaliamos quanto tempo dedicávamos a ver TV, e percebemos que não passava de dez horas por semana. Dentro dessas horas, muito do que assistíamos era acessado por outros meios. Dessa forma, decidimos cancelar nossa assinatura de TV. O mais incrível foi que, a partir dessa decisão, passamos a prestar mais atenção no que faríamos enquanto estivéssemos juntos em casa: vamos ver um filme? Vamos ler a Bíblia? Vamos fazer nada? Vamos conversar sobre o dia? Vamos ver alguém? Saímos do modo automático de filmes ou séries só porque tínhamos mais de duzentos canais à nossa disposição.

Agora, o que isso representou em termos de finanças? Em um ano, economizamos R$ 4.000,00 só por ter cancelado a assinatura da TV.

O que você acha de receber esse dinheiro em um ano? Com esse valor, decidimos investir mais tempo em nós, planejando passeios ou viagens que marcariam nossa vida. Já conhecemos lugares lindos, como as Cataratas do Iguaçu. Toda a viagem ficou no mesmo valor do plano de TV. Para nós valeu a pena. Vivemos momentos que, sentados à frente da TV, jamais viveríamos.

Aliás, também tomamos outra decisão. Fazia tempo que queríamos trocar o sofá de casa, seriamente danificado por um problema de infiltração e por um produto de limpeza errado. Ele descascou inteiro e ficou visualmente péssimo, embora ainda fosse muito confortável. Decidimos que, em vez de comprar um novo sofá, que não seria usado muito mesmo, iríamos reverter esse recurso para ajudar pessoas. Agimos assim em diversas situações, pois, para nós, viver a vida com as pessoas, dividir momentos, dividir recursos passou a ter mais valor do que comprar um novo sofá.

Essas duas situações, entre muitas outras que poderia comentar, ilustram que a vida em casal pode ser mais leve e divertida e menos tensa a partir de conversas que tratam valores de vida, de finanças e da gestão dos recursos como uma só carne.

CONVERSAS DELICADAS

Ter disposição para tratar de finanças no casamento é o primeiro passo para colocar as coisas de volta nos eixos. O segundo passo é saber como conduzir a conversa.

Para discutir o assunto, sugiro que você e seu cônjuge procurem um ambiente neutro. Ou seja, em vez de se sentar na mesa da cozinha, dirijam-se a um café ou parque público onde vocês possam se sentar e conversar. Ambientes neutros favorecem conversas delicadas, pois não trazem à memória experiências ou interrupções que possam prejudicar ou inflamar o diálogo.

Quero ou preciso?

Se não temos prioridades, o que acontece com o dinheiro? Recebemos e gastamos com as coisas que *queremos*, e não com aquilo de que, de fato, *precisamos*.

Pense aí: o que você gostaria de ter agora? Quais sonhos seus se resolveriam com um pouco mais de dinheiro?

- Ter um carro.
- Trocar de carro.
- Comprar uma casa.
- Reformar a casa.
- Comprar o celular que está na moda.
- Comprar o sapato da marca que vai deixar as amigas loucas de vontade.
- Passar férias em um lugar dos sonhos.

Realizo esse exercício nos cursos de finanças que ministro, e quase nunca ouço respostas como:

- Planejar a aposentadoria;
- Fazer investimentos de médio prazo;
- Fundar um instituto para socorrer pessoas em determinada situação de crise.

Em geral, queremos mais dinheiro, mais recursos para gerar mais gastos, mais dívidas. Isso é muito louco. Ficamos com a esperança de que, no futuro, com um pouco mais de dinheiro, tudo irá se resolver.

Muitos casamentos, aliás, começam com uma pilha de contas para pagar, e não com legados para construir.

Certa vez, numa aula que ministrei sobre finanças, havia um casal de noivos prestes a se casar. O noivo era mais organizado, mas a noiva, ainda com pouca experiência prática, não fazia ideia de quanto gastava em cada coisa. Ao se depararem com a planilha H2O, criou-se uma tensão. Eles nunca pagaram contas de casa, mal sabiam o valor de uma conta de luz ou de uma despesa no supermercado. Tive de ajudá-los, dando alguns valores para os itens da planilha.

QUAL É O PERFIL FINANCEIRO DA SUA FAMÍLIA? **95**

O foco dos dois estava apenas no casamento: na festa, na lua de mel, em diversos detalhes que, aliás, somavam números altíssimos. Naquele dia, lhes fiz uma pergunta que depois até virou padrão para outras aulas: *por quanto tempo vocês querem se lembrar de sua festa de casamento?* Eles responderam: "Para a vida toda, é claro!". Então, de forma brincalhona, mas muito séria, falei: "Então é por isso que vocês estão gerando dívidas para pagar nos próximos cinco anos?". Isso mesmo, uma festa de cinco horas iria ser paga pelos próximos cinco anos de vida daquele casal. Isso não faz o menor sentido. Após algumas discussões, conseguimos fazer ajustes, reduzir gastos e enxergar que a festa seria só um começo de gastos e controles. A projeção ajudou o casal a cortar diversos itens da festa de modo mais consciente, e a enxergar como poderia seria o primeiro ano de vida com suas finanças somadas. Não foi algo de que gostaram no início. Parecia que eu estava atrapalhando a vida deles, o "sonho". Porém, sei que um sonho, se mal sonhado, se torna um pesadelo bem real.

Muitos casais fazem do casamento um ponto de partida para uma vida cheia de realização de vontades e, consequentemente, de dívidas. Conheço o ditado popular que diz "Quem casa quer casa." Mas tenho criado um ditado não tão popular, que diz "Quem casa quer casa e mais um monte de coisas". Se as pessoas quisessem só a casa, ótimo. Bastava fazer alguns cortes no orçamento e teriam condições de comprá-la. Mas o que tenho visto é que quem casa também quer festa de casamento (cujo valor, diga-se de passagem, poderia ser usado para dar uma bela entrada na compra da casa). Quem se casa, não quer só festa de casamento e casa. Quer também um supersofá. E não apenas um supersofá – afinal, para assistir ao vídeo do casamento sentado em seu supersofá é preciso uma superTV. E quem tem um supersofá e uma superTV quer convidar seus superamigos para fazer superjantares. Superjantares precisam de supervinhos. Supervinhos precisam de supertaças. Supertaças precisam de supertalheres. E o que o supertalher vai espetar? Uma supercomida.

É uma loucura essa vida de Liga da Justiça, cheia de supercoisas. Como se a vida nos permitisse ter supersalários, supercontas no banco #sqn!

Chamo isso de "Família quero-quero", mas também poderia seria ser a "Liga do Querer", para quem gosta de mais aventuras! Tanto faz o nome, o problema dessa família é nunca estar satisfeita com o que já alcançou. Sempre está de olho no que "falta" e no que quer. A Bíblia chama isso de "sanguessuga": "A sanguessuga tem duas bocas que dizem: 'Mais, mais!' (Provérbios 30:15, NVT).

Não é errado querer. O problema é que aquilo que queremos, muitas vezes, se torna mais importante que o essencial. É o que acontece quando a festa se torna mais importante que o motivo celebrado. Quando a comida se torna mais importante do que matar a fome. Quando o sapato se torna mais importante que proteger os pés.

Busque entender a diferença entre *precisar* de uma casa melhor, de um carro melhor, e *querer* isso. O querer é desejo da família quero-quero. O *precisar* é essencial para a sobrevivência da sua família.

Considere também o que a satisfação de um desejo pode causar em longo prazo. É legal ter um carro maior, mas será que ele não vai consumir mais suas finanças? O seguro, a manutenção, o IPVA, não vão ficar mais caros? Provavelmente sim. Então, é mesmo essencial?

> Para se lembrar de tudo isso, faça um adesivo para colar em seu cartão de crédito ou débito, ou para carregar dentro da carteira, com a frase:
> ***Eu quero ou eu preciso?***

Você vai achar que foi mágica quando perceber que passou a gastar menos. Não é mágica, é só você agindo de forma consciente.

COMO REFREAR O DESEJO DE CONSUMIR?

Vou lhe dar uma dica rápida para refletir quando desejar consumir o que quer, e não o que precisa — no próximo capítulo você encontrará mais munição. Mas memorize isso por enquanto. Diante de um impulso de compra, questione-se:

> *Isso é essencial?*
> *Isso é necessário?*
> *Isso é supérfluo?*

MITOS DA ADMINISTRAÇÃO UMA SÓ CARNE

Ser uma só carne na planilha é um grande desafio. Em parte, isso se deve ao fato de sermos pecadores, cheios de manias e desejos egoístas. Mas alguns mitos também atrapalham o processo.

Identifiquei cinco mitos sobre a gestão dos recursos na família. Eles são amplamente divulgados em nossa sociedade, e são até tidos como verdade absoluta em muitos locais que frequentamos. No entanto, eles não possuem nenhuma base bíblica para serem afirmações inquestionáveis. Verifique se algum deles tem boicotado sua gestão familiar.

- **Casais têm de ter conta conjunta**. Administrar os recursos como uma só carne não é sinônimo de e nem se resume a ter uma conta conjunta. Contas conjuntas foram criadas numa época em que os casais precisavam unir recursos (renda, entradas etc.) para ter acesso a crédito. Elas eram uma saída para que os casais pagassem menos tarifas bancárias e também tivessem uma rentabilidade melhor.[2] No entanto, hoje em dia há uma infinidade de opções de contas e instituições financeiras. E qual é a melhor? Aquela que atenda às necessidades da sua família.
- **Acordos são permanentes**. No casamento, tirando os votos feitos no altar, os demais acordos são redigidos a lápis. Nada que vocês combinarem em relação à administração dos recursos da casa tem peso de lei e não pode mudar nunca. Vocês passarão por diversas situações diferentes, e o que funciona bem numa época da vida não vai ser útil em outra. Tenham a disciplina de se sentarem regularmente para reavaliar acordos e ver o que precisa ser ajustado, principalmente quando algo inesperado ocorre, como a perda de uma fonte de renda na família.
- **Cuidar das finanças é responsabilidade de um só**. Já tratamos disso extensivamente no capítulo 1, mas não custa repetir. Quando um dos cônjuges tem mais facilidade de lidar com números ou dinheiro, geralmente ele se torna o responsável pela administração dos recursos da casa. No entanto, gerir recursos não é obrigação de um só — nem só do marido, nem só da mulher. O dinheiro pertence

a ambos, e ambos têm o privilégio de fazer a gestão de acordo com os princípios bíblicos para o casamento e para a administração de recursos. Quem é melhor com números deve assumir a organização, mas as decisões devem ser tomadas sempre em acordo.

- **Sonhar não custa nada**. Financeiramente falando, não custa mesmo. Mas gera muita ansiedade, expectativas e tensão no casamento, e essas coisas servem de alimento para a "família quero-quero", podendo vir a custar algo para vocês no futuro. Assim, antes de sonhar com o que gostariam de viver no futuro, e com os gastos astronômicos que gostariam de fazer, entendam sua realidade hoje e vivam essa realidade, com todo contentamento (Filipenses 4:12).

- **Finanças são assunto privado**. Especialistas têm confirmado que falar de dinheiro ainda é um tabu,[3] e por conta disso, pessoas preferem se afundar cada vez mais em dívidas a pedir ajuda. Se nenhum de vocês dois é bom em administração financeira, peçam ajuda! Procurem um consultor, ou falem com um conhecido que tenha habilidade comprovada no assunto.

Em relação a este último ponto, tenho testemunhado muitos casais chegarem ao limite do desespero para pedirem ajuda. Eu mesmo já passei por isso com uma grande dívida gerada na empresa. Achei que tinha superpoderes para resolver, até entrar em uma crise e os negócios não serem tão perfeitos quanto o meu plano desenhado no papel.

Aprendi com meu próprio erro que, quanto antes pedirmos ajuda ou buscarmos aprender sobre finanças, melhor faremos a gestão financeira. Muitas vezes não temos o preparo técnico para tomar uma decisão e, por impulso ou emoção, nos deixamos levar por uma ideia que pode se tornar uma terrível realidade. Em relação a isso, tenho visto casais concordando em pegar empréstimos para pagar dívidas. O problema que isso gera é incrível. Acreditam que, por algum motivo, a situação será revertida. Mais dinheiro irá entrar e todos os empréstimos serão pagos. É como varrer a sujeira para baixo do tapete e crer que a casa está limpa. Se no primeiro sinal de fumaça as pessoas buscassem ajuda, jamais passariam pelos incêndios financeiros.

Já vi casais falando de divórcio após cinco empréstimos, rolo com amigos e vendas de patrimônio, pois achavam que não havia mais solução. Para eles, o divórcio seria a melhor saída. Achar que um novo amor irá resolver sua vida segue a mesma lógica de que um novo empréstimo irá resolver suas finanças. Gerir recursos é comportamento, não emoção e paixão. Por isso, não adianta jogar tudo para o alto. É preciso parar e fazer a lição de casa: colocar a mão na massa, organizar a planilha H2O, entender o fluxo das coisas. A partir disso, tomar decisões conscientes, técnicas. Eu sou otimista sempre! Para mim, todas as situações financeiras problemáticas têm solução. Sou prova disso, e muitos casais que atendi, os quais fizeram a lição de casa, também são testemunhas desse fato. Faça sua parte. Não espere que, agindo da mesma forma que sempre agiu, irá trazer novos resultados e resolver seu problema. Você precisa de novos conhecimentos.

Obrigado por chegar até aqui na leitura do livro. Creio que muita coisa já está passando por sua cabeça. Continue. Vamos juntos nessa jornada.

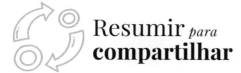

Resumir *para* compartilhar

Aqui estão os principais aprendizados deste capítulo. Relembre estes pontos e compartilhe-os com sua família. Entender diferenças na abordagem e na administração dos recursos é um fato que não pode ser ignorado na família. Procure desenvolver mais diálogo em sua casa a respeito desse assunto não só para organizar as finanças, mas também para conhecerem os pensamentos, forças e fraquezas de cada um. No fim das contas, tudo isso influencia a gestão financeira da família.

- As pessoas não lidam com o dinheiro da mesma forma.
- Preciso conversar mais com meu cônjuge para entender os pensamentos e sentimentos dele em relação a finanças.
- O dinheiro transmite sensações diferentes para cada pessoa.
- O que eu penso sobre dinheiro é fruto da minha história de vida e de diversas fontes de influência que eu escolhi ou não.
- Existem cinco formas básicas de lidar com o dinheiro – as cinco personalidades financeiras. Embora eu possa me comportar

como qualquer uma delas dependendo da situação, na maior parte do tempo eu me identifico com uma.

- Cada personalidade tem suas forças e fraquezas.
- Posso esperar um certo clima em meu casamento dependendo da minha personalidade financeira e a de meu cônjuge.
- Testes não determinam como eu e minha família estaremos, quem determina isso somos nós.
- Precisamos aprender a distinguir entre coisas que *queremos* e coisas que são *essenciais* para a sobrevivência de nossa família.
- Diante de uma compra, preciso definir se eu quero ou se eu preciso daquilo.
- Ao menor sinal de desequilíbrio financeiro, o mais sábio a se fazer é pedir ajuda.
- Identifique o momento de pedir ajuda ou de tomar decisões (consulte o Anexo V para auxílio nessas questões).
- Sugiro realizar o exercício no Anexo I para fortalecer o conhecimento sobre o assunto.

4
O que vocês têm consumido?

Qual é a próxima **coisa** que você **deseja comprar**?

Você já deve ter visto esta cena em algum canal de notícias na TV, num jornal impresso ou até mesmo em uma rede social: ainda é madrugada, mas centenas de pessoas se enfileiram na porta de uma loja de celulares. Boa parte delas está praticamente acampada há algum tempo. Elas estão lá não porque a loja irá distribuir celulares gratuitamente, mas porque irá lançar um novo aparelho, pelo qual o público na fila terá de pagar uma pequena fortuna. Em outras palavras, estão acampadas ali para gastar seus recursos.

Quando a porta da loja se abre, o primeiro comprador do novo supercelular é recepcionado dentro e fora da loja com aplausos, fotos, vivas e tudo o mais. É como se ele tivesse sido o primeiro ser humano a pisar em Marte. Então, o feliz comprador dá praticamente

102 NA RIQUEZA E NA POBREZA

uma pequena coletiva de imprensa para dizer como se sente em "ser o primeiro" a ter em mãos um celular que, dali a um ano, estará ultrapassado e será substituído por outro modelo. Mais uma vez, aquela pessoa irá gastar muito tempo e dinheiro para adquirir outro supercelular igualmente "descartável".

Nunca vi esse frenesi todo para se poupar recursos, investir na bolsa de valores ou comprar um plano de previdência privada.

Por que nossa sociedade consome tanto? Por que esse comportamento de consumo se tornou tão central em nossa vida?

Por mais poupador que se seja, afirmo com certeza que é impossível se esquivar do consumo. Pois, assim como toda a nossa vida passa por finanças, podemos também dizer que todas as nossas finanças passam, de alguma forma, pelo consumo.

Mas o que é consumo?

Logo de cara, talvez, associemos o consumo àquela vontade desenfreada de sair comprando tudo o que aparece na frente. Em outras palavras, associamos consumo à compra. Mas são coisas diferentes.

Consumo diz respeito ao sustento da vida. Consumimos alimento, água, espaço, ar, energia — tudo o que for necessário para manter nossa existência. Relembre o contexto da criação do mundo, que vimos no capítulo 1. Deus criou um jardim, no qual colocou o homem. Neste jardim, Deus fez nascer "árvores agradáveis aos olhos e boas para alimento" (Gênesis 2:9). Podemos parafrasear, dizendo que eram árvores boas para o *consumo*. Ou seja, o consumo está ligado à preservação da vida, à promoção das condições necessárias para existirmos.

Em algum momento entre o Éden e hoje, o dinheiro entrou no mundo e mediou algumas experiências de consumo. Podemos ver isso lá mesmo no Gênesis, com a família de José do Egito. Quando a fome apertou em Canaã, seus irmãos tiveram de ir até o Egito para *comprar* o alimento que iriam consumir (Gênesis 42:1-2).

Ainda há coisas que consumimos gratuitamente, como o oxigênio, o sol, a sombra de uma árvore, uma bela vista, a companhia de pessoas queridas... Ninguém cobra (pelo menos até agora!) pelo ar que respiramos. Porém, para consumir outras coisas, é preciso ter dinheiro.

O mais louco é que essas coisas que compramos, em muitos casos, degradam o que é vital, como o ar e a água.

É nesse ponto que as pessoas geralmente começam a fazer confusão, porque o dinheiro permite que se tenha diferentes experiências e objetivos de consumo. Por exemplo, em relação ao ar que respiramos gratuitamente, todos os seres humanos respiram a mesma coisa (oxigênio) e consomem o quanto é necessário para o seu corpo. Nunca ouvi falar de alguém que esteja respirando demais. Mas em relação à comida, por exemplo, nem todos têm condições financeiras de consumir a mesma coisa, e as pessoas nem sempre consomem a quantidade ou o alimento necessário para o sustento.

Em resumo, o consumo em si não é nem bom nem ruim. O que pode ser positivo ou negativo é *o que* se consome, *quanto* se consome e *para que* se consome. Vamos examinar cada uma dessas variáveis a seguir.

O QUE VOCÊ CONSOME?

Se nossas finanças passam pelo consumo, precisamos ter bem claro com o que estamos gastando os recursos que Deus colocou sob nossa responsabilidade. A planilha H2O nos dá uma boa ideia de aonde o dinheiro da família está indo, se para estudos ou academia, mercado ou Netflix.

A menos que você esteja usando seu dinheiro para patrocinar o pecado, nenhum gasto é necessariamente bom ou ruim por si só. Não posso dizer que é melhor investir em estudos do que em academia. Para quem recebeu uma orientação médica de fazer exercícios físicos, a academia é mais importante que os estudos. O que precisamos aprender a detectar é o que é realmente necessário para o sustento de nossa família. O que precisamos consumir para manter nossa vida?

Esse é justamente o X da questão. Como saber o que realmente é necessário e importante? A Bíblia pode nos dar algumas pistas.

1. Comida e bebida	2. Roupas	3. Habitação
Comida e bebida são, sem dúvida, os itens mais necessários para o sustento de nossa vida e de nossa família (cf. Salmos 127:2; 128:2; Isaías 55:2; 1Timóteo 6:8). Jesus fala que os filhos de Deus não devem se preocupar quanto ao que comer e beber, mas o fato de ele listar essas duas coisas para exemplificar o cuidado do Pai nos mostra que são itens importantíssimos para a vida e, justamente por isso, o Pai não deixará que faltem (Lucas 12:29).	Roupas são tão importantes quanto alimento. Elas são essenciais desde o começo da história para cobrir a vergonha do ser humano, que surgiu quando pecou (Gênesis 3:21). Por isso, vestir-se é uma necessidade básica (cf. Lucas 12:27-28; 1Timóteo 6:8), pois está ligada à dignidade humana. O Jesus ressurreto até aconselha uma igreja a comprar roupas dele para terem verdadeira dignidade (Apocalipse 3:18).	No contexto bíblico, a propriedade era passada de pai para filho, como herança (Provérbios 19:14). Por isso, você não encontrará, nas páginas da Bíblia, pessoas juntando dinheiro para comprar uma casa. Mas se tratava de algo tão importante que Deus determinou leis específicas para garantir o direito de cada família à sua propriedade (cf. Levítico 25:23-34; Números 27:1-11).
4. Celebração	5. Saúde	6. Conhecimento
No contexto bíblico, comida e bebida não só matavam a fome, como também eram motivo de festa e alegria. A celebração era ordenada por Deus (Deuteronômio 16:15; Salmos 4:7). Sendo assim, podemos incluir a celebração como algo relevante no consumo de nossa família (cf. Eclesiastes 3:13; 4:8; 5:19; 9:7-8).	O corpo que nossas roupas cobrem tem mais valor que elas (Mateus 6:25). Por isso, podemos também considerar prioridade o que estiver relacionado ao cuidado dele, ou seja, à preservação e manutenção da saúde física (cf. 1Timóteo 5:23; 3João 1:2).	O livro de Provérbios, ao mesmo tempo que nos exorta a não gastar energias para produzir riquezas, por outro lado exorta a investir tudo o que possuímos para adquirir conhecimento e sabedoria (Provérbios 3:13-15; 4:7). Esta deve ser outra prioridade de consumo.

Em termos de consumo, acredito que as áreas apresentadas no quadro anterior são as mais importantes, o topo da lista para onde nossos recursos devem ser destinados. São áreas que garantem a dignidade física, mental e emocional de nossa vida e família.

A questão é: o dinheiro da sua casa tem ido para estas áreas?

Quero convidar você a chamar seu cônjuge, se ele já não estiver aí do lado, para fazerem juntos um breve exercício. Peguem sua planilha H2O preenchida e circulem o que consideram gastos essenciais. Agora, com a ajuda de uma calculadora, façam continhas de mais e somem esses gastos. Anotem o valor aqui:

GASTOS ESSENCIAIS DO CASAL

Comida e bebida	R$
Roupas	R$
Habitação	R$
Celebração	R$
Saúde	R$
Conhecimento	R$
TOTAL	R$

Podemos considerar, então, o que ficou de fora, aquilo que vocês não circularam, como gastos não essenciais, certo? Sendo assim, some o valor desses gastos com a calculadora e anote-o logo aqui:

Gastos não essenciais: R$ _____

Compare o total de casa tipo de gasto. Em que área sua família consome mais: no que é essencial ou no não essencial? De alguma forma, o não essencial tem "roubado" os recursos que deveriam ser destinados às coisas de primeira importância?

Uma família com que conversei sobre finanças tinha um descontrole enorme em relação ao cartão de crédito. O pai, por ganhar bem, liberava seu cartão para diversas compras da esposa e do filho. Um dia, a situação econômica mudou. O pai perdeu o emprego e passou a trabalhar em um local que lhe pagava um terço do antigo salário. Apesar disso, ele não controlou os impulsos familiares e não fez a lição de casa, de entender quais deveriam ser as prioridades. Eu sou radical: prefiro ver um filho embirrado por um momento a vê-lo passar por uma vida de sofrimento.

Esta família viveu assim por praticamente um ano. Claro, um dia as contas chegaram e o descuido custou caro. Depressão, brigas do casal, filho sem entender muito bem o que estava acontecendo. O maior problema deles foi o comportamento, e não a falta de dinheiro. Assim, o primeiro passo foi preencher a planilha H2O e entender todos os detalhes de gastos, entradas, dívidas e fluxo financeiro. Deu trabalho para preencher a planilha H2O feita, pois nem todos os membros da família tinham experiência em enxergar tantos detalhes. Sabiam o valor que entrava e sabiam que ficavam sem dinheiro em algum momento do mês, mas não entendiam os motivos.

A lição de casa foi árdua, mas houve grande engajamento familiar. Cada um passou reconhecer onde o devorador estava consumindo os recursos e houve um grande ajuste de comportamento. Sem dúvida, foi necessário picar o cartão de crédito, renegociar as dívidas, reduzir bastante o consumo. Porém, as dívidas acabaram e a paz reina sobre aquela casa. Em menos de um mês as coisas já estavam entrando no trilho novamente.

O segredo foi toda a família entender que há momento ideal para se consumir melhor. Ao criarem o resumo das contas na planilha de projeção Eduardo & Mônica, ficou claro quais eram os meses de fartura (com 13º salário, férias, bônus) e os meses mais enxutos, com o salário padrão. Ao projetar tudo isso, além de descobrir que a família poderia ter sobra se utilizasse melhor os recursos, poderiam realizar muitos sonhos, como uma viagem de fim de ano e até troca do carro a cada dois anos. Decisões que só podemos tomar quando sabemos como nosso fluxo financeiro se comporta.

Muitas vezes, trabalhamos duro para termos condições de consumir coisas que não são essenciais. Com isso, não só direcionamos o recurso "dinheiro" para aquilo que é menos importante, como desperdiçamos o recurso "tempo" num trabalho que não tem um fim proveitoso. Constantemente devemos nos fazer a pergunta que Deus fez ao seu povo: "Por que gastar dinheiro naquilo que não é pão e o seu trabalho árduo naquilo que não satisfaz?" (Isaías 55:2).

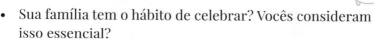

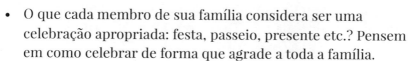

- Sua família tem o hábito de celebrar? Vocês consideram isso essencial?
- O que cada membro de sua família considera ser uma celebração apropriada: festa, passeio, presente etc.? Pensem em como celebrar de forma que agrade a toda a família.

QUANTO VOCÊ CONSOME?

Quem é o seu **deus**?

Agora que você e seu cônjuge determinaram qual consumo é essencial em sua família, o próximo passo é estabelecer quanto devem consumir disso, tanto em termos de quantidade como de valor. Em outras palavras: sua família precisa de uma casa, mas de quantos metros quadrados? Você precisa de uma calça, mas de uma calça que custa quantos reais?

Creio que é aqui que está a diferença entre *consumo* e *consumismo*. O consumo é o tanto de que precisamos para viver. Consumismo é o consumo desenfreado dessas coisas, "a dependência do prazer, conforto e ostentação advindos de bens e serviços".[1]

Precisamos aprender a diferenciar necessidade de desejo. Costumo dizer que o que mata a sede é água – isso é necessidade. O resto é mero desejo ou prazer.

É errado desejar? O que você acha?

Eu diria que depende.

Examinando a Bíblia, vejo que Deus não condena todo e qualquer desejo. Ele atende a todos os desejos que sintonizam com a vontade dele (Salmos 37:4), pois esses desejos resultarão em bem (Provérbios 11:23). O que Deus não atende de jeito nenhum, o que ele condena, são os desejos que nascem de um coração idólatra.

"Ah, mas eu sou crente, vou à igreja desde pequenininho, nunca tive imagens em casa" – talvez você esteja pensando assim. Mas ser idólatra não é venerar imagens. Ídolo é aquela coisinha que faz você ficar feliz de um jeito que nem Deus consegue.

> Os ídolos capturam nossa imaginação, e podemos percebê-los [se prestarmos atenção] nos momentos em que sonhamos acordados. O que gostamos de imaginar? Quais são nossos sonhos mais estimados? Procuramos nossos ídolos para que eles nos amem e nos proporcionem valor e um senso de beleza, significado e dignidade.[2]

Qualquer coisa pode ser um ídolo. O bem-estar da sua família. Sua aparência. Sua saúde. Seu casamento. Sua conta bancária. Seu cachorro. Uma vaca viva na Índia. Uma vaca morta na vitrine de uma loja de bolsas de luxo.

Os ídolos são senhores que nunca estão satisfeitos. Eles vão nos consumindo vivos, exigindo cada vez mais e mais, e satisfazendo-nos cada vez menos. Por isso, os desejos que brotam de um coração idólatra nos escravizam. Sempre estamos insatisfeitos, porque, assim que acabamos de saciar um desejo, já tem outro na fila, exigindo nossa atenção. Os desejos idólatras fazem com que vivamos para consumir, em vez de consumir para viver.

O desejo idólatra, que vejo como uma tentativa de saciar a alma aflita e a carne fraca, é tão poderoso que nos faz achar que aquilo que queremos é algo de que, na verdade, precisamos. Ele nos engana e nos faz confundir desejo com necessidade. A situação fica ainda pior quando o coração idólatra está rodeado de estímulos tecnicamente construídos, criados para levar você a achar que precisa de algo que nunca viu antes na vida.[3]

Lembro-me de um episódio assustador que marcou minha carreira publicitária. Ele me fez pensar em ajudar as pessoas à minha volta e repensar o impacto dos negócios que proponho. Fui chamado para uma concorrência em um grande varejista que queria explorar oportunidades comerciais na internet. Eles queriam fazer uma ação que atingisse evangélicos de baixa renda que estivessem para se casar. A ideia era atraí-los para o site da loja, propor que montassem sua lista de casamento no site e distribuíssem os convites de seu casamento por lá.

Como publicitário, achei o varejista muito específico em sua definição de público-alvo. Sabendo que os gestores da empresa não tinham qualquer vínculo com a fé evangélica, quis saber de onde tiraram a ideia de focar evangélicos de baixa renda que estavam para se casar.

Eles me contaram, então, que haviam recebido uma mensagem mais ou menos assim, pelo site:

Olá, varejista! Quero agradecer por vocês me proporcionarem a compra deste micro-ondas, que foi totalmente inspirada por "deus". Recentemente, pesquisei por micro-ondas na internet, mas achei caro e não comprei. Acabei fazendo uma oração. Se "deus" me enviasse sinais sobre o assunto, voltaria a pensar. Foi então que, ao entrar na internet, me deparava com micro-ondas em muitos sites. Então entendi que era um sinal divino e comprei quando vi o anúncio de vocês. Que "deus" abençoe vocês.

Não deu para continuar a reunião. Precisei sair fora daquele possível negócio. Tudo ficou claro. A empresa queria alcançar pessoas de baixa renda por causa de seu baixo conhecimento digital. Algumas pessoas não sabem que quando pesquisam qualquer produto na internet, o interesse de compra é detectado por meio de rastreadores digitais (chamados *cookies*), e essa informação fica gravada. A partir daí, sempre que a pessoa navega na internet, ela começa a visualizar anúncios específicos sobre o que procurou recentemente. A loja também queria uma comunicação voltada para os evangélicos por acreditar que eles estariam mais propensos a fazer compras se "sentissem" que Deus estava enviando sinais por meio das propagandas da internet.

NA RIQUEZA E NA POBREZA

Não sei se a campanha foi feita, só sei que pessoas que não se preocupam em investir em conhecimento acabam pagando caro por sua ignorância. Não creio que seja seu caso, pois você está aqui lendo um livro, coisa que quase metade da população brasileira não faz.[4]

Absurdo ou não, você pode não cair nesse tipo de estímulo. Saiba que, o tempo todo, profissionais de alto gabarito técnico estão pensando em como convencê-lo a comprar alguma coisa de que você ainda não sabe que precisa. Não se engane: você não é mais esperto que eles; e ainda que seja, você não é mais esperto que seu próprio coração (Jeremias 17:9). Grandes homens de Deus confessaram ter dificuldade em entender os motivos de seu coração e suplicaram a ajuda do Senhor para livrá-los de desejos pecaminosos (Salmos 19:12-13; 139:23-24; Efésios 4:22).

Porém, você não precisa viver escravizado por seus desejos. Somos livres, e devemos acreditar nisso! Deus, sendo rico em misericórdia, e tendo conquistado para nós uma vida de liberdade exclusiva, não nos concederá aquilo que fará de nós escravos mais uma vez (Gálatas 5:1). Jesus morreu em nosso lugar para nos libertar de todas as formas de pecado. Se você realmente ama Jesus e valoriza o sacrifício dele em seu favor, não se torne escravo de mais nada, principalmente de seu próprio coração e de seus desejos.

Você pode fugir dessas prisões tomando algumas precauções.

Em primeiro lugar, **consagre seu consumo a Deus**. Vemos muitas coisas e as desejamos. Antes de decidir pela compra, ou até mesmo de verbalizar ao seu cônjuge seu desejo de adquirir isso ou aquilo, fale sobre seu desejo com Deus, e peça para ele lhe revelar os verdadeiros motivos que levaram você a desejar tal coisa.

Em segundo lugar, **pergunte-se: "Eu quero ou preciso?"**. Tenha coragem de descobrir que você, em algumas situações, não precisa daquilo que quer. E quando detectar que é esse o caso, tenha a coragem de dizer a si mesmo: NÃO.

O equilíbrio e a sensatez de alguém imerso na sociedade de consumo – como quase todos nós – residem em uma mera palavrinha de três letras: N Ã O. O não que significa simplesmente: "Como me sentiria se eventualmente eu não pudesse mais consumir tal supérfluo?". Em outras palavras: "Quanto eu iria sofrer?". O que, traduzido de forma simples, significa "NÃO consigo viver bem sem tudo isso".⁵

Como já falei, não é errado querer, mas não deixe que isso seja o que o impulsiona a decidir consumir algo ou não. Se você detectar que só quer algo, mas não precisa daquilo, reserve o dinheiro que iria usar para algum fim que realmente faça diferença na família, como a construção da sua reserva de emergência, ou para a compra de algo necessário e de valor elevado. E ao fazer isso, celebre! Você conquistou uma parte do seu futuro.

SEU DESEJO O ESCRAVIZA

Viva livre, viva mais leve, entendendo esta frase acima.

A Bíblia traz muitas reflexões sobre o descuido das finanças. Separei três versículos que falam muito sobre dívidas e o impacto delas na vida. Falaremos mais sobre o assunto no próximo capítulo.

1. "O rico domina sobre o pobre; quem toma emprestado é escravo de quem empresta" (Provérbios 22:7). A dívida é claramente declarada como escravidão e muitas são geradas devido aos nossos desejos. O empréstimo tira sua liberdade, a qual Jesus comprou por um alto preço. Algumas vezes, abrimos mão dessa liberdade a fim de obter dinheiro para custear um pequeno prazer momentâneo.

2. "Não devam nada a ninguém, a não ser o amor de uns pelos outros, pois aquele que ama seu próximo tem cumprido a lei" (Romanos 13:8). Se dívida é escravidão, dever é também um problema. Exceto no caso de amor, que se trata de uma escolha. Por isso, sempre derrame amor, perdoe e viva livre de dívidas financeiras e emocionais.

> 3. "Vocês foram comprados por alto preço; não se tornem escravos de homens" (1Coríntios 7:23). Se já somos livres, nada deve nos escravizar novamente. Não é raro que isso aconteça por nossa própria escolha e vontade, por causa de nossos desejos. Lembre-se do que Jesus já fez por você. Se você está em dívida, peça perdão e refaça seu caminho.

PARA QUE VOCÊ CONSOME?

O que você ganha quando gasta seu dinheiro?

Por último, precisamos entender qual é o nosso objetivo ao consumir o que consumimos.

Os cientistas do consumo – estudiosos que analisam o comportamento e as tendências de consumo da sociedade – têm concluído que o consumo está profundamente ligado à expressão de identidade das pessoas. Elas escolhem consumir determinada coisa porque aquilo declara ao mundo quem elas são, ou quem desejam ser. Uma pessoa que compra um artigo de luxo nem sempre o faz por causa da qualidade do produto, mas porque quer passar aos outros a impressão de que ela é sofisticada ou tem alto poder aquisitivo.[6]

O consumo está relacionado a muitas variáveis além do dinheiro:

- Se o produto reflete seus valores pessoais e estilo de vida (por exemplo, consumir produtos de marcas sustentáveis).
- Se o fabricante do produto lhe passa confiança.
- Se o produto foi elogiado nas redes sociais.

- Se o produto vai transmitir adequadamente uma imagem sua.
- Se o produto o diferencia, mostrando o quanto você é único.
- Se o produto o caracteriza como membro de determinado grupo.

Repare o quanto as coisas que nos cercam ganham um significado maior que seu preço. O consumo é moldado pela nossa personalidade, mas também acaba moldando um pouco de quem somos. As mentes por trás do estímulo ao consumo sabem muito bem disso, e usam essa informação para o benefício do que será consumido, e não necessariamente do consumidor. O produto que você ingenuamente vê, posicionado numa prateleira de supermercado, na vitrine de uma loja, na página de uma publicação, num *banner* na internet ou, principalmente, na voz de um influenciador digital das redes sociais foi pensado propositadamente para despertar em você o desejo de consumi-lo, levando você a pensar que precisa daquilo e a crer que, consumindo aquele produto ou serviço, será verdadeiramente feliz.

O consumidor é incentivado a achar que sua felicidade e sua satisfação estão plenamente relacionadas ao que ele consome. Afinal de contas, é isso o que acontece quando bebemos um copo de água, não é? A sede vai embora e ficamos satisfeitos. Ao consumir aquilo que você deseja, você se sente feliz e satisfeito.

A grande pergunta é: e depois?

A sede volta depois de um tempo, e temos de tomar outro copo de água. Mas isso é normal. Seu corpo foi criado para funcionar dessa forma. Mas quanto tempo você permanece satisfeito desde a sua última compra? Por quanto tempo você consegue ficar satisfeito com as coisas que já tem, e que não evaporaram como o último copo de água que você tomou? Quanto está satisfeito com as roupas que *já* estão no seu armário? Com o celular, o tablet e a televisão que *já* pagou? Com as viagens que *já* fez e com as fotos que *já* tirou?

Estamos tão viciados em consumir coisas novas que somos capazes de abrir o menu da Netflix, com seus milhares de filmes e séries que levariam umas quinze vidas para serem assistidos, e dizer: "Não tem nada para ver". O que realmente está por trás de tudo isso é que, mais do que nunca, temos tudo, mas nunca estamos satisfeitos com nada. Vivemos o consumo da insatisfação. Construímos, contra nós mesmos, armadilhas que irão apanhar uma parte delicada da vida, chamada *finanças*.

Estamos em pleno modelo mental que crê que é preciso consumir para ser feliz, e se não estou feliz é porque não consumi o suficiente. Parece até que estou falando de drogas aqui, mas, na verdade, isso se aplica a qualquer consumo. Assim, consumimos mais e mais na vã esperança de nos sentirmos satisfeitos.

Ao fazer isso, estamos abrindo mão do que Jesus fez por nós e de quem nos tornamos ao aceitar Jesus como nosso Salvador (Romanos 8:15-16).

RAINHA NÃO REPETE ROUPA

Você já deve ter ouvido dizer que rainha não repete roupa. Para a rainha Elizabeth II (muito viva, e completando 93 anos enquanto eu escrevia este livro), isso é a mais pura verdade. Todos os conjuntos e vestidos que a monarca já usou são catalogados para que ela não repita a mesma roupa em público. Além disso, Elizabeth II possui um guarda-chuva específico para cada roupa que tem — e que não irá usar de novo. Não foi ela, porém, quem inventou essa moda. Esses padrões luxuosos de vestimentas reais foram estabelecidos por sua antecessora e xará Elizabeth I (7/9/1533 — 24/3/1603).

Ao assumir o trono, essa rainha inglesa do século 16 desejou consolidar mais seu poder, centralizando o reino em suas mãos. Ela encontrou uma saída genial para fazer isso. Periodicamente, convidava os nobres para festas suntuosas em uma de suas muitas propriedades espalhadas pelo reino. Nessas festas estupendas — que duravam semanas —, Elizabeth I esbanjava e exibia toda a sua riqueza, na forma de banquetes, danças, peças teatrais, torneios, competições de caça etc. Assim como fez o rei Xerxes (Ester 1:1-4), o objetivo dessa exibição era demonstrar poder por meio da riqueza que possuía. Porém, além de impressionar seus nobres, Elizabeth I também queria tê-los perto para saber de tudo o que se passava em seu reino, a fim de controlar tudo (e você achando que sua mulher é controladora... Talvez tenha sido por isso que Elizabeth I nunca se casou!). Os nobres, iludidos pela falsa generosidade da rainha, encaravam as festas como uma forma de se aproximarem da monarca e contar com o favor dela em seus negócios pessoais. Porém, isso constituiu um problema para eles: como ganhar a atenção da rainha em meio a tantas outras pessoas?[7]

UMA DÍVIDA PARA CHAMAR DE SUA

Como um abismo chama outro abismo, o consumo em busca da satisfação, mais cedo ou mais tarde, vai esbarrar na falta de dinheiro. E aí, os problemas se multiplicam. Como se a nossa insatisfação já não fosse ruim o suficiente, hoje em dia também vivemos a época da ansiedade, em que não temos condições de esperar por nada. Assim, o consumo moderno é baseado na satisfação imediata dos nossos desejos mais insanos.

A "fada madrinha" que torna isso possível se chama CRÉDITO. Ela lhe diz: "Você não precisa desistir de seus sonhos e nem esperar juntar dinheiro para concretizá-los. Posso lhe dar tudo isso agora mesmo!".

Uma enorme parte das pessoas que atendo como educador financeiro é vítima dessa fada madrinha que, na verdade, é o devorador disfarçado. O único poder real que ele tem é de manter as pessoas como reféns do consumo por meio da dívida que criaram na ilusão de que isso as faria felizes.

116 NA RIQUEZA E NA POBREZA

Muitas vezes, achamos que o dinheiro que temos é pouco para dar conta de nossas necessidades. Na verdade, o dinheiro está na quantidade certa. O que passa da conta são os nossos desejos. Ficamos com a impressão de que precisamos de mais dinheiro, quando o que precisamos mesmo é de menos insatisfação.

Atendi certa vez a um casal que ganhou – sim, ganhou! – R$ 1,5 milhão. O que você faria se fosse você? Talvez tenha a impressão de que esse valor foi suficiente para resolver todos os problemas do casal, que pôde, então, viver "feliz para sempre".

Só que não foi bem assim. Sem controle nenhum, gastaram muito. Pior que isso: acharam que estavam ricos e pararam de trabalhar. Se tivessem preenchido direitinho a planilha H2O, teriam visto que aquela grana não era o suficiente para mantê-los para sempre. Eles tinham um gasto médio mensal de R$ 5.000,00. Mas ainda eram muito jovens, por volta dos trinta anos de idade. Tinham mais uns cinquenta anos de vida pela frente. Se de fato quisessem viver sem trabalhar o resto da vida, teriam de viver com R$ 2.500,00 por mês, o valor que receberiam mensalmente de juros se tivessem aplicado o R$ 1,5 milhão na poupança.

O que aconteceu foi que, em um ano, aquele casal estava quebrado. Compraram uma casa cuja manutenção estava muito acima de seus recursos. Os carros caros e as compras de luxo que nunca haviam experimentado, e que certamente lhes deram alguns minutos de felicidade, agora eram só amargura. Além da falência, estavam também à beira do divórcio, tudo porque não foram sábios e atenderam a cada desejo do coração. No fim, tiverem de vender parte do que possuíam para pagar dívidas, apertar os cintos e cair na realidade.

Por essa razão, um dos principais aprendizados que quero transmitir a você e sua família é que aprendam a usar com muita sabedoria a planilha H2O para tomar decisão de consumo. Com ela, você entenderá que pode realizar muitas coisas. E ao colocar os resultados na planilha de projeção Eduardo & Mônica, projetando o uso de seus recursos, verá que não há falta, mas abundância, pois você é filho de Deus, herdeiro do Reino, coerdeiro com Jesus. As palavras de sabedoria da

Bíblia nos estimulam a poupar pouco a pouco, a construir o patrimônio em vez de esperar receber tudo de uma única vez: "O dinheiro ganho com desonestidade diminuirá, *mas quem o ajunta aos poucos terá cada vez mais*" (Provérbios 13:11, grifos meus); "Não esgote suas forças tentando ficar rico; tenha bom senso! As riquezas desaparecem assim que você as contempla; elas criam asas e voam como águias pelo céu" (Provérbios 23:4-5).

Veja o que Salomão diz sobre as riquezas: elas desaparecem assim que você as contempla. O mesmo acontece com a felicidade: você consegue vê-la, mas nunca consegue tocá-la. Fazemos planos para sermos felizes, mas quando os alcançamos, não nos sentimos felizes de verdade – ou ficamos por pouco tempo. Logo já se desenha outro objetivo em nossa mente, e o processo de insatisfação e consumo recomeça. Não conseguimos usufruir aquilo que conquistamos. A ex-presidente Dilma Rousseff disse a célebre frase "Não vamos colocar meta. Vamos deixar a meta aberta, mas, quando atingirmos a meta, vamos dobrar a meta".[8] Muitos riram dela, mas não é que ela tinha um pouco de razão? Porque é assim que vivemos: nunca alcançamos o alvo de sermos felizes e satisfeitos porque estamos sempre dobrando a meta que nunca foi alcançada.

Por que você precisa de um dia diferente do de hoje? Por que precisa de mais luxo do que tem agora? Por que criar uma dívida que não o satisfará mais do que já pode ser satisfeito com o que alcançou?

O consumismo é apenas um sintoma da verdadeira doença: um coração insatisfeito. Só seremos curados do consumismo quando encontrarmos o verdadeiro bem que nos satisfaz.

Temos de nos satisfazer com a Palavra de Deus. Carecemos de saber qual é a nossa verdadeira posição e parar de lamentar por uma possível condição momentânea. Veja quem Deus diz que você é: "Vocês, porém, são geração eleita, sacerdócio real, nação santa, povo exclusivo de Deus, para anunciar as grandezas daquele que os chamou das trevas para a sua maravilhosa luz" (1Pedro 2:9).

Rainha não repete roupa (cont.)

Os nobres começaram, então, a investir em roupas e presentes. As roupas eram para eles mesmos: vestiam roupas extravagantes para capturarem o olhar da rainha. E os presentes eram uma forma de conseguir o favor da alteza. Como você pode imaginar, esse comportamento logo deu início a uma competição entre a nobreza, na qual cada um tentava exceder as roupas e os presentes dos demais.

Esse comportamento mudou o objetivo do consumo que era praticado até então na Inglaterra. Até aquele momento, as novas aquisições eram feitas em família, e tudo que se comprava tornava-se imediatamente parte da história e da tradição daquela casa. Assim, os bens eram muito duráveis, feitos para serem passados de geração para geração e, assim, preservar os valores e a tradição da família por séculos.

Mas com a nova moda de Elizabeth I, as compras passaram a ser individuais, e tinham um propósito muito imediato: impressionar a rainha e superar a concorrência. Isso fez com que os itens velhos e tradicionais perdessem valor, pois já eram conhecidos e desgastados. O novo se tornou a palavra de ordem e começou a ser valorizado não porque era bom, mas simplesmente porque era novo.

O Brasil, um país jovem e admirador da nobreza europeia, adotou esse estilo de consumo pautado pelo novo. Indiretamente, aprendemos que para ser NOBRE é preciso ter. TER é SER. Se quero ter um status social mais elevado, preciso ter mais coisas, como os nobres de Elizabeth I. Eles, porém, aprenderam na pele que esse estilo de vida pautado pelo novo só os deixou pobres e engrandeceu o poder da monarca. Foi ela quem saiu vencedora nessa competição, no fim das contas.[9]

UM CONVITE À SIMPLICIDADE

Jesus fez vários convites às pessoas para segui-lo durante o ministério que teve aqui no mundo, andando entre nós. Este é um dos mais amorosos convites: "Venham a mim, todos os que estão cansados e sobrecarregados, e eu lhes darei descanso. Tomem sobre vocês o meu jugo e aprendam de mim, pois sou manso e humilde de coração, e vocês encontrarão descanso para as suas almas. Pois o meu jugo é suave e o meu fardo é leve" (Mateus 11:28-30).

Quanto o consumo nos sobrecarrega? A urgência do ter para ser, o medo de ficar para trás e não ser aceito. O peso de trabalhar para ter dinheiro para pagar contas e honrar dívidas.

Quanto isso tira seu sono e sua paz (Salmos 4:8)?

Nunca se consumiu tanto quanto hoje. Também nunca houve tanta gente deprimida e ansiosa como hoje. Penso se não há uma relação entre essas duas coisas. A Bíblia diz que os desejos não satisfeitos de nosso coração nos deixam doentes (Provérbios 13:12). Será que nossa saúde não melhoraria se fizéssemos menos visitas ao shopping, reparássemos menos em propagandas e desejássemos menos coisas?

O convite de Jesus é para uma vida muito mais simples. Livre-se do peso do ter, do consumo desenfreado, e descanse no colo do Salvador. Viva com menos do que você pode ter e seja rico, muito mais rico. Rico em tempo para as pessoas. Rico em paz. Rico em generosidade para atender a quem possui menos que você. Rico em liberdade.

Jesus nos convida a perceber que as maiores conquistas são obtidas gratuitamente. Ele nos prometeu que nada nos faltará (Salmos 23:1). Declare que não irá faltar saúde, não irá faltar provisão, não irá faltar alegria e tudo mais que você deseja. É uma promessa. Creia e viva a Palavra. Jesus nos dá descanso e satisfação (v. 2). Ele prepara uma mesa na presença de nossos adversários (v. 5). Ele nos dá uma família com a qual podemos compartilhar a vida, na riqueza e na pobreza. Cristo, de forma simples, sem bens materiais, apenas amor, já nos deu tudo de que precisamos.

O problema é que muitas vezes não valorizamos o que é de graça. Achamos que algo só tem valor se suamos a camisa para conquistar aquilo. Mas essa é um jeito deturpado de ver a vida. Afinal de contas, *tudo* o que você tem lhe foi dado (1Coríntios 4:7). Suas conquistas, na verdade, são uma extensão da graça que Deus já derramou sobre você. Entenda que Deus já derramou, não para o futuro, mas desde o passado e para todo o sempre (Efésios 1:3).

Sendo assim, não exclua Jesus de suas conquistas. Não ame as bênçãos em vez do Abençoador, e seja satisfeito de verdade, viva na sua posição, e não pelos resultados.

para **refletir** em **casal**

- Visitem seus desejos pessoais, sua forma de lidar com o dinheiro. Vocês têm buscado no consumo uma forma de "melhorar" quem vocês realmente são (Filipenses 4:12)?
- O que precisa ser mudado na mente e na vida de vocês para que realmente sejam a melhor versão de si mesmos diante de Deus e um do outro (Jeremias 17:7-9)?
- Renovem seus votos de valorizar o casamento e o companheirismo acima da riqueza e da pobreza — absolutas ou relativas — que possam surgir em sua caminhada.

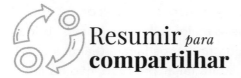

Resumir *para* compartilhar

Aqui estão os principais aprendizados deste capítulo. Relembre estes pontos e compartilhe-os com os que vivem em sua casa. Repare que consumir não é o problema – a confusão começa quando consumimos o que não precisamos, ou além do que precisamos, para suprir carências da nossa alma. Reconhecer as verdadeiras intenções do seu coração pode fazer milagres que nenhuma "dieta" financeira fará!

- Consumo diz respeito à manutenção da vida.
- Nem tudo o que consumo precisa ser comprado.

- Comida, bebida, roupas, habitação, celebração, saúde e educação são exemplos de alguns itens de necessidade básica, os quais devem ser contemplados no meu orçamento familiar.
- Não devemos retirar recursos destinados a itens de necessidade básica para adquirir itens que não são tão necessários.
- Devo revisitar e atualizar minha planilha H2O (e fazê-la, se ainda não fiz!), para que fique bem claro para onde meus recursos estão sendo destinados.
- Diferentemente do consumo, o consumismo é a busca desenfreada pelo prazer e pela ostentação proporcionados por bens materiais e serviços.
- Diante de possibilidade de compra, devo me perguntar: eu quero ou preciso?
- Deus atende os desejos que estão alinhados à sua vontade, mas abomina os que nascem de um coração idólatra.
- Ídolo é qualquer coisa que se coloque entre mim e Deus.
- Apenas em Cristo encontro satisfação verdadeira e infindável para minha vida, a qual nenhum produto ou serviço que eu vier a consumir pode me oferecer.
- Devo declarar que estou satisfeito e grato com tudo o que Deus já me entregou.

5
O que fazer com as dívidas?

 Quantas **parcelas** sua família tem para **pagar**?

É incrível como tenho me deparado com muitas pessoas que não sabem gerir os parcelamentos que fizeram para adquirir algo. Apesar da encrenca, este é o perfil de pessoa que mais gosto de educar, pois sei que, a partir dali, as decisões que irão tomar serão muito mais zelosas.

Atendi certo casal que, para pagar uma dívida gerada para realizar um sonho, teve de fazer um empréstimo. Mas não souberam gerir o consumo, e precisaram fazer outro empréstimo para pagar aquele. Isso também não foi o bastante. No fim, fizeram mais três empréstimos e, quando os conheci, estavam pensando em fazer mais um. Chegaram até mim com o discurso de que não aguentavam mais. Já estavam juntos havia oito anos, com um filho de quatro, mas nunca conseguiam ter dinheiro. Estavam pensando seriamente em se divorciar por causa do descontrole e da total falta de conhecimento.

Ao entender a vida financeira do casal, percebi que eles viviam com 60% do que ganhavam; o restante era para pagar as parcelas, que já estavam saindo do controle de tantos juros sobre juros, sem contar as multas resultantes dos atrasos. Devido a esse histórico, eles já tinham uma ideia muito sólida do que era essencial e necessário para a família (embora a dívida tivesse sido gerada por conta de algo supérfluo. Mas isso era passado). Eles já sabiam viver com bem menos do que ganhavam. Diante desse fato raro, eu lhes disse: "Vocês são ricos, só não sabem ainda!". Com isso, eles possuíam um raro potencial de riqueza.

Em apenas dois encontros, descobrimos o seguinte:

- Usando a planilha H2O, percebemos que, mesmo em situação crítica, o casal pagava a mensalidade da TV por assinatura, um plano de telefone fixo e dois planos de celular. Ao somar tudo, chegamos à conclusão de que conseguiriam reduzir esses gastos em mais da metade se fizessem uma negociação com a operadora. Em um ano, a economia que fariam com esse corte seria suficiente para bancar uma viagem incrível em família, sem apertos!
- Usando a planilha de projeção Eduardo & Mônica, detectamos que em sete meses, entre salários e ganhos como 13º salário, férias e bônus que iriam receber, seria possível pagar toda a dívida se buscassem uma negociação melhor.
- O casal possuía um bom carro, já quitado, e o valor de venda era superior à dívida — o pagamento à vista iria reduzir algumas dívidas em mais de 30%. Vender um bem e usar seu valor pode ser uma ótima opção para quitar dívidas.

A solução proposta foi: vender o carro e quitar TODAS as dívidas. Eles ficariam sem o veículo por três ou quatro meses, mas ao economizar o que gastavam com a dívida, poderiam comprar um carro em breve. Resolvemos tudo isso em apenas dois encontros, e preenchendo as duas tabelas que você já conheceu no capítulo 2.

Enquanto escrevia este texto, entrei em contato com o casal e perguntei como estavam. Para minha alegria, falaram que já tinham dinheiro guardado.

Dívidas são acidentes de percurso na vida de muita gente. Mas não precisam ser o fim do caminho. Neste capítulo, você encontrará alguns cuidados e soluções para usar no caso de dívidas. O mais importante, porém, será entender o peso que ela traz sobre a família, e ver que o melhor mesmo é ficar sem elas.

O QUE SÃO DÍVIDAS?

Dívida é tudo pelo que você ainda não pagou integralmente. Ninguém se torna devedor apenas quando recebe alguma cartinha de um órgão de proteção ao crédito dizendo: "Parabéns, seu nome foi negativado". Não. Neste caso, a pessoa é um mau pagador. Ela já se tornou devedora quando passou o cartão de crédito na maquininha (mesmo para fazer uma compra à vista), ou quando saiu da loja com o produto e um carnê de infinitas prestações. Resumindo: se ainda não está quitado, é dívida. E se é dívida, aquilo que você comprou, por conceito, ainda não é totalmente seu. Cuidado, você pode estar colhendo sem semear.

Existem três "facilidades" do mundo moderno capitalista que, no fim das contas, acabam mesmo é dificultando a vida de quem quer ficar longe de dívidas. Para evitar dívidas desnecessárias, é importante saber o que são e como funcionam.

1. Crédito	2. Parcela	3. Juros
Crédito é um valor que a instituição financeira libera a alguém, para ser pago depois. Assim, todo crédito é um empréstimo, seja o crédito pessoal, seja o cartão de crédito. Atualmente, o crédito possui os juros mais altos do mercado.	A venda parcelada não é lucrativa para o vendedor, principalmente se houver inadimplência. Para ninguém sair perdendo, o vendedor coloca juros nas parcelas ou aumenta o valor original do produto.	Juro é a taxa que você paga a quem lhe emprestou o dinheiro. Ela está ligada ao valor que você pegou emprestado, ao tempo que vai demorar para pagar e aos bens que oferece como garantia de pagamento.

126 NA RIQUEZA E NA POBREZA

Dá para evitar muitas dívidas quando entendemos que cartão de crédito não é dinheiro, e sim um empréstimo, e que pagar parcelado – o famoso "pagamento facilitado" – não é promoção. Se o juro não está especificado, é porque já está embutido no valor do produto.

Pense só: quando você abastece seu carro e passa os R$ 100,00 no cartão de crédito, o dinheiro sai da sua conta na hora? Não. Você pagará pelo combustível apenas quando a fatura fechar. Mas e se o cara do posto solicitar à operadora de cartão um adiantamento de R$ 100,00? A operadora vai mandar para você uma fatura adiantada, dizendo: "Precisamos hoje daqueles cenzão para pagar o cara do posto"? Claro que não. Ela mesma paga o dinheiro que, só depois, vai receber de você. Dessa forma, o que o cartão de crédito faz é antecipar ao cliente um dinheiro (o limite), que ele paga quando a fatura chega. Por isso, cartão de crédito é um empréstimo, embora não tenha as taxas de juros de um empréstimo pessoal, desde que você pague a fatura em dia. E é aqui que está um dos grandes ganhos do cartão: quando o cliente atrasa o pagamento – muitas vezes porque se encanta com o limite astronômico que seu salário não é capaz de cobrir. Algumas operado-ras de cartão chegam a cobrar mais de 15% de juros ao mês, o que dá mais de 200% ao ano, isto é, o dobro do valor que você ficou devendo.

E quando você parcela a compra, no cartão, no boleto ou no carnê? Você foi lá na loja de eletrodomésticos e comprou sua superTV de R$ 1.500,00, que parcelou em três vezes de R$ 500,00. Enquanto sai da loja feliz da vida, o dono da loja ficou sem o produto e também sem o dinheiro. Só daqui a três meses ele irá receber o valor integral da venda, que já poderia estar sendo usado para reabastecer o estoque, pagar as contas da loja e os funcionários. O que ele faz para sobreviver e não perder clientes (já que nem todo mundo consegue pagar R$ 1.500,00 à vista)? Embute no valor de venda do produto o "incômodo" de ter de não ter recebido tudo à vista. É por isso que algumas lojas oferecem "desconto" para pagamento à vista. Na maioria dos casos, o vendedor não está cobrando pelo "incômodo" do parcelamento.

É por isso que você é devedor até pagar a última parcela da com-pra que fez.

No Brasil, as dívidas têm mais a ver com estilo de consumo do que com situação de crise (desemprego, enfermidade, processo judicial etc.). É só ver que a maioria das famílias brasileiras com dívidas (mais de 75%) deve para o cartão de crédito, e não em financiamentos ou empréstimos pessoais.[1]

Conforme conversamos no capítulo passado, desejos descontrolados dominam nossa mão e digitam a senha do cartão de crédito antes que nos demos conta. Consumo guiado por desejo, e não por necessidade, quase sempre gera dívida.

Se é seu caso, faça esses dois adesivos e cole no seu cartão:

Outro fato que fez crescer o número de devedores no Brasil é o acesso ao crédito. Com o aumento do emprego formal no Brasil (pessoas que trabalham com carteira registrada), cresceu também o número de pessoas que têm conta no banco. Para o trabalhador, a conta no banco pode simplesmente significar uma conveniência na hora de receber o salário, mas, para o banco, é uma forma de vender crédito! Já reparou o quanto é simples ter um cartão de crédito ou pedir um empréstimo? Na verdade, não precisa nem ir atrás, eles vêm até você! As pesquisas têm mostrado que quanto maior o acesso ao crédito, mais cresce o número de famílias endividadas no Brasil. Atualmente, 60% das famílias brasileiras estão endividadas; porém, mais da metade delas não sabe quanto deve, e cerca de 10% não têm condições de pagar suas dívidas.[2]

Será que sua família deve alguma coisa? Você sabe o quanto? Se não sabe de memória, é hora de chamar o cônjuge, pegar a calculadora, reunir os boletos e contabilizar. "Ah, preciso mesmo calcular o total das minhas dívidas? Eu pago tudo direitinho todo mês..." Precisa sim. Esse passo é importante para você e sua família entenderem o total do que devem, e não o quanto pagam mês a mês.

NA RIQUEZA E NA POBREZA

Muitas vezes consideramos apenas a prestação que pagamos mês a mês, e achamos que aquilo é a dívida. Por exemplo, se fiz um empréstimo de R$ 1.000,00, dividido em dez parcelas de R$ 110,00, qual é o valor da minha dívida?

☐ R$ 110,00   ☐ R$ 1.000,00   ☐ R$ 1.100,00

Algumas pessoas vão achar que a dívida é R$ 110,00. Mas não, isso é a parcela, e não a dívida. Também não é R$ 1.000,00 – esta é a quantia que o banco me deu. O valor real da minha dívida é a soma de todas as parcelas: R$ 1.100,00.

Desta forma, fazer a conta é dolorido, mas é essencial. O primeiro passo para sair de um buraco é saber a profundidade dele. E posso quase apostar que, ao saber o valor que tem de pagar nos próximos meses, você tomará mais cuidado com gastos desnecessários.

Segue um *checklist* para ajudá-los nessa tarefa meio dolorosa, mas supernecessária.

Dívida	Valor
Cartão de crédito (fatura aberta e futuras – a que você vai pagar neste mês e todas as que ainda faltam pagar)	
Compras parceladas com boletos ou outras formas (desconsiderando compras feitas no cartão de crédito)	
Dinheiro que pegou emprestado com pessoas, de maneira informal (parentes, amigos etc.)	
Dívidas bancárias (cheque especial, conta negativa etc.)	
Empréstimo pessoal (considere o valor total, com os juros. Se houver mais de um empréstimo, anote-o à parte)	
Financiamento (de compras como casa ou carro)	
Parcelamento de dívidas do cartão de crédito (considere o valor total, com os juros. Se houver mais de um parcelamento, anote-o à parte)	
Outros	

Juros e multas

Só para deixar claro: juros e multa não são a mesma coisa. Juro é o que você paga por um empréstimo. No caso de uma conta de consumo, o juro é a correção monetária do dinheiro que você deveria ter pagado à concessionária. A multa, por outro lado, é uma punição por seu esquecimento. Cada contrato tem sua porcentagem.

Os dois são dinheiro jogado fora, mas por motivos diferentes. São exemplos daquilo que chamo de Devorador (leia mais no próximo capítulo). Se você não se cuidar, perderá muito para ele.

O CARTÃO DE CRÉDITO: TRAGÉDIA ANUNCIADA

Não tem como falar de dívidas sem falar de cartão de crédito, uma vez que ele é o campeão de dívidas no Brasil.

O primeiro cartão de crédito, mais ou menos como é conhecido hoje, surgiu nos Estados Unidos em 1949, como uma facilidade de pagamento criada por alguns empresários. Em vez de carregarem dinheiro na carteira durante suas viagens de negócio pelos EUA, os empresários apresentavam o cartão ao estabelecimento – no começo, apenas restaurantes, hotéis, algumas companhias aéreas e lojas em Nova York e Los Angeles aceitavam essa forma de pagamento. O cartão continha os dados do cliente no banco do qual era correntista. O estabelecimento fazia contato com o banco, e o pagamento era providenciado.[3]

Hoje, apenas setenta anos depois, quase todo mundo tem acesso a um cartão de crédito, mesmo sem renda comprovada. Como muito na vida, o problema não está no cartão em si, mas em não saber usá-lo. Embora os brasileiros tenham cada vez mais acesso ao crédito, essa população empoderada não foi educada, financeiramente falando, para saber como usar essa liberdade. É a mesma coisa que entregar uma Ferrari na mão de um garoto que acabou de completar dezoito anos, só porque agora ele tem idade para isso. A Ferrari pode vir a ser uma arma na mão dele, contra outras pessoas e contra si mesmo. Porém, no caso da direção, a pessoa é minimamente educada e avaliada para ver se tem condições de guiar um carro. Mas com o cartão não acontece isso, ainda que ele possa ser uma arma tão letal quanto a Ferrari.

Aprendendo a usar o cartão de crédito

Novamente a questão: devo picotar o cartão de crédito em mil peda-cinhos? Depende tanto do seu perfil de consumo como do que você pensa e sente quando tem o cartão em mãos. Vamos fazer uma pequena avaliação:

- Na hora de decidir se vai fazer uma compra ou não, você toma sua decisão baseada no valor do limite que tem disponível no cartão de crédito e/ou no valor da fatura em aberto?

  ☐ SIM   ☐ NÃO

- Você se assusta com o valor que tem na fatura, seja no dia do fecha-mento, seja quando vai conferi-la no aplicativo do celular (geral-mente para avaliar se pode fazer mais uma compra)?

  ☐ SIM   ☐ NÃO

- Você gostaria que o limite do seu cartão fosse mais alto?

  ☐ SIM   ☐ NÃO

- Você se sente livre para fazer um gasto se tem limite no cartão?

  ☐ SIM   ☐ NÃO

Se respondeu Sim a *qualquer uma* dessas perguntas, sugiro que se desfaça o mais rápido possível do seu cartão antes que ele acabe com você! Aqui vão três motivos para isso:[4]

O QUE FAZER COM AS DÍVIDAS? **131**

1. O cartão de crédito dá a falsa ideia de que, se você tem limite, tem saldo. Fica pior ainda se o limite é do mesmo valor que seu salário. Você fica com a impressão de que está tudo o.k., mas se esquece das contas que NÃO vai pagar no cartão de crédito.

2. O cartão de crédito faz você perder o controle em relação às parcelas. Uma parcelinha aqui, outra ali, e no fim das contas você não sabe mais para quem e nem quanto está devendo — sem falar no fato de que muitas coisas pelas quais você ainda está pagando o preço que valia quando era novo já acabaram (tipo uma viagem) ou já estão gastas (como uma roupa).

3. A possibilidade de não pagar a fatura toda pode levar você a um enrosco sem fim. Às vezes, na hora do descontrole, pagar o valor mínimo da parcela parece uma grande saída. É rápido, fácil, não precisa falar com ninguém e lhe "dá" (falsamente) uns dias para resolver o problema. Essa aparente facilidade acaba sendo um calo no pé de muitas pessoas. Mesmo com as mudanças legislativas a respeito do rotativo do cartão de crédito,[5] esse ainda é um portal para inúmeros problemas financeiros.

A verdade é que, no bolso como na vida, a forma mais eficaz de vencer a tentação é se afastando dela. Jesus falou isso com todas as letras quando ensinou: "Se o seu olho direito o fizer pecar, arranque-o e lance-o fora. É melhor perder uma parte do seu corpo do que ser todo ele lançado no inferno. E se a sua mão direita o fizer pecar, corte-a e lance-a fora. É melhor perder uma parte do seu corpo do que ir todo ele para o inferno" (Mateus 5:29-30). Se é assim com olho e com mão, que dirá com um pedaço de plástico? Assim, se o cartão de crédito faz você pecar, lance-o fora. Corte o mal pela raiz, picando-o em mil pedacinhos (e não se esqueça de ligar na operadora para fazer o cancelamento).

Os que foram "habilitados" a usar cartão de crédito podem seguir algumas dicas para se beneficiar dessa forma de pagamento muito prática, sem dor de cabeça.

- Sempre pague TODA a fatura. Nunca pague o mínimo. Se acontecer de você não ter o dinheiro para pagar toda a fatura, peça um empréstimo com menores juros do que os do cartão, pague a fatura e cancele o cartão – você já deu provas de que não tem habilidade suficiente para controlar esse poder.
- Tenha um limite mais baixo que o seu salário e fuja de cartões de crédito sem limite.
- Use o cartão apenas se você já tem o dinheiro para fazer aquela compra. Uma vantagem do cartão é que você pode efetuar a compra e deixar o dinheiro rendendo em algum investimento até a data de fechamento da fatura. Aliás, antes de passar o cartão, verifique se o pagamento à vista pode lhe dar algum desconto.
- Faça compra parceladas no cartão se o vendedor não lhe der nenhum desconto por pagar à vista, no cartão ou no dinheiro, ou vá negociar em outra loja. Não se esqueça de incluir as parcelas na sua planilha H2O – também vale deixar bilhetes na carteira, no celular, na geladeira e onde mais for necessário para você não se esquecer de que o seu mês já começa com um valor comprometido. Isso mesmo: se você comprou algo parcelado, aquela parcela já tira um valor de seus ganhos. Se você ganha R$ 3.000,00 por mês e fez uma compra em diversas parcelas de R$ 500,00, seu ganho líquido, enquanto houver parcelas a pagar, será de R$ 2.500,00. Parece óbvio, mas a maioria continua olhando para os R$ 3.000,00.

"PARECIA QUE EU ESTAVA CORTANDO UM DOS MEUS DEDOS"

Em 2014, ministrei um curso de finanças em certa igreja, e este foi o depoimento de um dos participantes:

> *Participando da palestra, pude ver que eu não tinha noção do que era ter cartão de crédito. Eu tinha dois cartões com limites que somavam R$ 25.000,00, mas minha renda era de apenas R$ 3.000,00. Eu usava o cartão de forma*

desordenada, chegava até a pensar que isso me ajudava a ter mais dinheiro. Comprava um relógio em dez parcelas de R$ 50,00, comprava um perfume em outras dez parcelas de R$ 30,00. "É pouquinho", eu pensava. Mas no final do mês, a fatura girava em torno de R$ 1.500,00 comprometendo metade da minha renda. Não era à toa que sempre faltavam recursos.

Na palestra, foi proposto que eu cortasse o cartão de crédito. Achei um absurdo. Mas naquele momento minha vida financeira estava na UTI, respirando com a ajuda de aparelhos. Quando peguei meus cartões, que me acompanhavam fazia mais de quinze anos, e fui cortá-los, me deu uma sensação de dor que parecia que eu estava cortando um dos meus dedos. Com persistência, coragem e sabedoria, cortei os cartões. De lá para cá, tive uma mudança radical na minha vida financeira. Hoje, consigo administrar mais os recursos que ganho e adotei a política de comprar à vista ou juntar para comprar. Atualmente, minha esposa e eu temos um único cartão de crédito, que usamos em momentos de extrema urgência.

Guardo com grande carinho a foto que esse casal me enviou quanto cortou os cartões, e costumo mostrá-la em cursos presenciais, pois sei que eles aprenderam a viver com mais sabedoria, de forma mais simples, e a priorizar o que deveriam de fato. São uma inspiração para outras pessoas. Situações como essa são bem comuns, e este é um exemplo prático do que é colher sem semear.

O PROBLEMA ESPIRITUAL DA DÍVIDA

Ficar devendo é **pecado**?

Acho sensacional o quanto a Bíblia se pronuncia a respeito de dívidas. Para mim, isso reforça ainda mais o fato de que Deus se importa com nossas finanças e com a gestão que fazemos delas.

Vejo a Bíblia tratar do assunto "dívidas" de duas formas: em relação a contrair empréstimos e se tornar devedor, e em relação a não pagar dívidas contraídas e se tornar inadimplente. Vamos olhar o que ela fala em cada um desses tópicos.

Tornar-se devedor

Quando Deus abençoou o povo de Israel pouco antes de possuírem Canaã, disse que, se fossem obedientes aos mandamentos do Senhor, eles emprestariam a muitas nações, mas de nenhuma tomariam emprestado (Deuteronômio 15:6-7; 28:12). Assim, dominariam como "cabeça" em vez de serem dominados como "cauda" (28:13). Ao dizer isso, a Bíblia mostra que uma das formas de exercer domínio sobre o outro é emprestando dinheiro. Consequentemente, uma forma de se tornar escravo é pegar dinheiro emprestado. Essa ideia é apresentada claramente por Salomão neste princípio de sabedoria: "O rico domina sobre o pobre; *quem toma emprestado é escravo de quem empresta*" (Provérbios 22:7, grifos meus).

Em outras palavras: dívida é escravidão. Estar devendo é estar à mercê de alguém. Quando alguém lhe faz um empréstimo, de repente ganha certo poder sobre sua vida. Nos tempos bíblicos, isso era bem mais real do que hoje, uma vez que pessoas se tornavam escravas de fato (com correntes e tudo) para saldar uma dívida. Hoje, só não temos as correntes. A pressão da cobrança e os efeitos espirituais de estar devendo fazem com que muitos sejam escravizados também.

Vejo muitas pessoas em grandes crises de depressão por estarem com dívidas, por não saberem como sair delas. Por falta de orientação, vivem escravas do devorador. Se isso aconteceu em sua vida, a partir daqui declare a palavra de liberdade. Jesus nos tornou livres. Cuidar das finanças envolve mudar comportamentos, e entre todos eles o mais importante é acreditar e viver a Palavra de Deus. Foi isso o que me ajudou, e me ajuda diariamente, a me manter livre, sem dívidas, no controle de minhas finanças.

O povo de Deus deve fugir dessa posição de se permitir ser escravizado. Israel, por exemplo, havia sido liberto da escravidão no Egito, e não se tornaria escravo de mais ninguém, nem mesmo sob um "jugo financeiro". Nós, da mesma forma, devemos prezar nossa liberdade, comprada por um preço altíssimo (1Coríntios 7:23), e não nos colocar em relação de escravidão por meio de dívidas.

Isso significa que você não pode financiar uma casa, e se tornar devedor do banco durante uma ou mais décadas? Essa é uma decisão muito pessoal. Certamente você se colocará numa longa relação de dívida para com o banco que lhe emprestou o dinheiro para comprar a casa (ou o carro etc.). É um compromisso que você assumirá. Salomão, em sua sabedoria divina, também alertou sobre a loucura de assumir compromissos impensados (Eclesiastes 5:1-7). Por isso, antes de contrair uma longa dívida como a de um financiamento, considere:

- Você terá condição de honrar esse compromisso *até o fim* (não só neste ano ou no ano que vem, mas ao longo das dezenas ou talvez centenas de parcelas que se seguirão)? Talvez pareça loucura pensar nisso agora. "Como vou saber se terei condição de pagar as parcelas daqui a sete anos?" Pois é, nem Deus, nem o banco, nem seus descendentes são responsáveis pela decisão que você está tomando hoje. Por isso, considere se o valor da parcela é algo que cabe e caberá em seu orçamento.
- Você está ciente de todas as condições desse empréstimo (taxas, penalidades, parcelas "especiais", prazos etc.)? Pouca gente lê o contrato antes de assiná-lo, e menos ainda procura esclarecer as dúvidas. Não seja apressado. Você está praticamente "se

casando" com o banco ao fazer um financiamento. Tenha certeza do que ele lhe oferece e do que é esperado da sua parte, e veja se tem condição de cumprir tudo.

- Para assumir esse compromisso financeiro, a planilha H2O e a planilha de projeção Eduardo & Mônica precisam estar em dia e afinadas. Crie projeções longas, para mais de cinco anos. Geralmente, quando as pessoas fazem esse tipo de projeção, acabam desistindo do financiamento. Veem mais sentido em colocar o dinheiro em um investimento. Alguns decidem morar de aluguel para ter liberdade financeira e tomarem decisões mais assertivas. Este livro não tem o propósito de ensinar aplicações, mas de ajudá-lo a se organizar em direção a isso: fazê-lo saber quanto dinheiro tem, como o tem usado e como organizar melhor os gastos. Depois que essa tarefa for feita, você é capaz de pensar em investimentos.

Contrair uma dívida é coisa séria, porque outra pessoa, além de Deus, se torna, de certa forma, seu senhor. Você fica ligado de modo ruim à pessoa ou instituição à qual deve, até que tudo seja pago. Não é questão de espiritualizar o cartão de crédito nem o financiamento, mas de entender que se o dinheiro é tão poderoso — a ponto de o amor a ele ser a raiz de *todos* os males (1 Timóteo 6:10) —, então, dever dinheiro a alguém tem um peso maior do que o valor que você está tomando emprestado.

Tornar-se inadimplente

No Brasil, ficar devendo não é crime. Mas no Reino de Deus, é sim: "*Não devam nada a ninguém*, a não ser o amor de uns pelos outros, pois aquele que ama seu próximo tem cumprido a Lei" (Romanos 13:8, grifos meus).

Talvez fique a impressão de que Paulo, nesse versículo, está falando de coisas espirituais, já que diz que a única pendência que pode existir é o amor. Poderíamos generalizar e achar que Paulo está dizendo para sermos amorosos, pacientes, bondosos e todas essas coisas espirituais o quanto for necessário.

O QUE FAZER COM AS DÍVIDAS? **137**

Só que se olharmos para o contexto em que aparece essa ordem de não dever, ficará claro que Paulo não está falando apenas de coisas espirituais:

> Todos devem sujeitar-se às autoridades governamentais, pois não há autoridade que não venha de Deus; as autoridades que existem foram por ele estabelecidas. [...] É por isso também que vocês pagam imposto, pois as autoridades estão a serviço de Deus, sempre dedicadas a esse trabalho. Deem a cada um o que lhe é devido: se imposto, imposto; se tributo, tributo; se temor, temor; se honra, honra. Não devam nada a ninguém (Romanos 13:1,6-8a).

O assunto aqui é honrar as autoridades, dar a elas o que se deve e *não dever nada a ninguém*. No caso específico, envolve pagar imposto. Você sabe o que são impostos — IPTU, IR, ISS, IPVA, ICMS — e sabe que eles não são nada espirituais. É nesse contexto de pagar impostos que Paulo ordena que cada um deve receber o que merece, seja imposto, seja honra, e que o cristão não deve dever nada a ninguém. A única coisa que se pode dever é amor, porque não há como já ter amado uns aos outros o suficiente. No seu casamento, aliás, vocês estarão sempre em dívida de amor um com o outro — uma dívida que devem buscar pagar diariamente! Quanto ao resto, não devam nada.

Esse é um tema delicado, difícil e se torna cada vez pior quando não nos organizamos para resolver. O problema é que como a lei brasileira não diz que dever é crime, muitos cristãos preferem viver debaixo dessa lei, ignorando a lei de Cristo, que é chamada de "lei da liberdade" (Gálatas 5:1,13; Tiago 2:12). Infelizmente, a maioria de nós brasileiros, crentes ou não, está procurando oportunidades e brechas para não pagar dívidas, em particular os impostos. Uma das perguntas que pessoas endividadas fazem quando buscam consultoria é: "Em quanto tempo essa dívida expira?" ou "Tem como eu não declarar essa renda?". São perguntas de quem não quer se organizar, que vive uma falsa liberdade e procura por brechas para se esconder ou fugir das responsabilidades. As implicações são ainda piores para o cristão. Essa é uma das facetas do "amor ao dinheiro".

138 NA RIQUEZA E NA POBREZA

Entendo que há situações em que o pagamento da dívida é comprometido por diversas situações. Porém, não posso concordar com pessoas que não se incomodam com isso e se recusam a pagar a dívida que contraíram justificando sua inadimplência com base na prática abusiva de juros do banco, nas altas taxas do cartão de crédito e na corrupção do governo, entre outros. Elas esperam que o erro do outro justifique um erro seu. Mas não é assim que funciona.

PROVISÃO PARA SUAS DÍVIDAS[6]

> Graças ao grande amor do Senhor é que não somos consumidos, pois as suas misericórdias são inesgotáveis (Lamentações 3:22).

Este é outro versículo que não se aplica apenas à realidade espiritual. O amor do Senhor nos impede de ser consumidos por milhares de coisas, entre elas, nossos desejos e dívidas.

Deus requer que andemos em santidade, e ele nos capacita a isso, concedendo-nos diversos recursos espirituais. Da mesma forma, o Senhor nos chama para uma vida livre da escravidão da dívida, e ele mesmo nos ajuda a alcançar isso, provendo-nos os recursos que forem necessários.

Os meios pelos quais Deus supre todas as nossas necessidades podem ser naturais ou sobrenaturais. Acredito que ele começa trabalhando por meios naturais, e o primeiro deles é o princípio da semeadura, do qual já falamos algumas vezes: "Pois o que o homem semear, isso também colherá" (Gálatas 6:7). Por meio dessa lei divina, as coisas naturais acontecem: quem planta, colhe; quem trabalha, é pago; quem pula, cai; e assim por diante.

Em termos financeiros, a lei da semeadura se expressa pelo princípio de que se planejarmos, não faltará. Não se trata de confiar nas próprias forças; é Deus nos suprindo por meio de uma ordem que ele mesmo estabeleceu, e que ele mesmo faz funcionar. O Senhor nos dá a capacidade de planejar e pensar para que tenhamos condições de nos sustentar no mundo e viver livres de dívidas. Não podemos viver na esperança tola de que Deus vem caminhando atrás de nós, pagando as dívidas que fazemos e resolvendo as trapalhadas que criamos. A primeira provisão que ele nos dá para lidar com as dívidas é planejar viver longe delas!

A segunda provisão natural que Deus nos dá é a capacidade de resolver os problemas financeiros que aparecem usando recursos que já possuímos. Isso pode significar vender um bem, arrumar uma segunda fonte de renda provisória, abrir mão de um serviço (TV por assinatura, academia etc.). A viúva de um discípulo do profeta Eliseu foi correndo até ele quando os credores vieram tomar seus filhos como pagamento de uma dívida do falecido marido (2Reis 4:1-7). A consultoria de Eliseu foi sensacional. Ele perguntou: "Diga-me, o que você tem em casa?". Aquilo que temos em casa, na forma de bens ou de habilidades, pode ser usado para gerar renda ou dinheiro extra. Isso vem de Deus como provisão natural para resolvermos eventuais dívidas.

Muitas pessoas querem o milagre para não ter de abrir mão de nada, mas Deus não honra essa atitude mesquinha que só quer receber. Deus aprecia a maturidade de quem está disposto a fazer sacrifícios. Acredito que, quando damos esse passo de fé, como Abraão no monte, preparando-se para oferecer Isaque como sacrifício a Deus, o Senhor intervém com sua provisão sobrenatural. Abraão creu que "Deus mesmo há de prover o cordeiro para o holocausto" (Gênesis 22:12), mas isso não o impediu de amarrar Isaque e levantar a faca. Deus, por fim, proveu, e "Abraão deu àquele lugar o nome de 'O Senhor Proverá'" (v. 14).

Todos os casais e pessoas que auxiliei em minha jornada como educador financeiro, os quais saíram das dívidas, só conseguiram fazer essa virada por temporariamente abrir mão de algum bem. Contei um caso desses no capítulo 4. Às vezes ficamos apegados ao bem, com a sensação de que se desfazer de um carro ou um imóvel é regredir ou fracassar. Não desprezo esse sentimento, mas quem vive apenas na sua condição atual e se esquece de qual é a posição que tem em Deus (1Pedro 2:9) viverá apegado a coisas, e não ao Senhor. Todos os casais que se reergueram reconquistaram não só os bens materiais que foram deixados por um momento, mas sua liberdade espiritual e financeira.

Por outro lado, com grande tristeza há pessoas que escolheram ficar apegadas a um carro, a objetos, até mesmo a uma casa que só dava despesas enormes e afundava cada vez mais as dívidas, em vez de resolverem seus problemas. Minha oração por elas é que, um dia, se agarrem ao Deus que nos proveu tudo que precisamos.

Posso falar de dívidas por experiência própria. Tive uma empresa que quebrou. Eu acreditava que tudo iria muito bem nos negócios. Então, decidi fazer um empréstimo. Esse foi o maior erro: tomei uma decisão baseada não em algo que certamente iria acontecer, mas em algo que achei que pudesse acontecer. Foi quando o cenário mudou. O que eu previra não aconteceu, e a dívida não foi paga. Fiz uma negociação, mas errei mais uma vez: negociei parcelas muito altas e o cenário mudou de novo, de forma que não consegui pagá-las.

Em vez de dizer que a situação era injusta, ou esperar que a dívida caducasse, optei por pedir perdão ao meu credor e lhe explicar que eu estava, a partir daquele momento, me afundando. Não foi fácil. Tive depressão, não sabia o que fazer. Foi quando busquei ajuda técnica para saber como agir. Negociei e congelei a dívida. Com meu consultor, revisamos tudo o que era correto e o que estava muito acima do padrão estabelecido para juros sobre juros. Precisei esperar dois anos para poder pagar, entre cálculos e negociações. Nesse período, em nenhum momento deixei de me comunicar com o credor e reportar minha situação pessoal. A dívida foi congelada, a renegociação foi feita e quitada. Sabia que não podia ficar com aquela dívida. Não neguei, mas não podia mais pagar como tinha sido acordada.

Acordos podem ser revistos. Se você está numa situação desesperada de dívida, refaça os seus acordos, como eu refiz o meu. Esse tempo da minha vida me ensinou muitas coisas, que me trouxeram até este livro e ao ministério de educador financeiro. Hoje é bom, mas no tempo do deserto, não achei nada bom. Minha primeira força sempre foi Jesus, que me conduziu a falar com pessoas corretas, fazer os planos certos, entender o que precisava ser feito e fazer. Ele me tirou da crise, das dívidas e me ensinou a me reorganizar.

Hoje, quando vejo dívidas nos atendimentos que realizo, a primeira coisa é entender a vida financeira, e não só a dívida, para só então tomar decisões. Em todos os casos de sucesso, o que deu certo foi o fato de as pessoas fazerem a lição de casa: se organizarem na planilha H2O, construírem cenários com a planilha de projeção Eduardo & Mônica, entenderem seus comportamentos e impulsos. Assim, conseguem se reerguer, como eu consegui. Creio que todos podem, pois não há nenhuma diferença entre você e eu. Aliás, após a leitura deste livro, o que eu sei você também irá saber, e isso nos tornará ainda mais iguais.

A provisão sobrenatural

Independentemente do caso, podemos contar com a provisão sobrenatural de Deus em nossas dívidas. Particularmente, creio que Deus age sobrenaturalmente quando o natural está em dia. Ou seja: ele não costuma intervir para fazer o que nós podemos fazer e deveríamos ter feito. Ele age para fazer aquilo que somente ele tem condições de fazer. Por exemplo: quando Jesus está prestes a ressuscitar Lázaro, ele diz: "Tirem a pedra" (João 11:39). Ele poderia ter ido até lá e removido a pedra por conta própria, assim como poderia ter dito: "Pedra, role!", e a pedra teria rolado. Mas as pessoas poderiam remover a pedra — foram elas, afinal, que a colocaram lá! Por isso, pede e espera que elas ajam. Depois que as pessoas fazem o que poderia ser feito humanamente falando, Jesus entra com o sobrenatural: "Lázaro, venha para fora", ele diz. Isso, apenas Cristo poderia fazer. E é tudo o que o que ele faz, porque na sequência, ele volta a ordenar: "Tirem as faixas dele". Assim como a pedra, as ataduras também poderiam ser removidas por seres humanos normais. Então, o que nós podemos e devemos fazer, Deus não fará por nós.

A primeira provisão sobrenatural de Deus é o seu cuidado diário sobre nós. Podemos contar com isso ontem, hoje e amanhã. O mesmo Deus que alimentou mais de cinco mil pessoas a partir de nada mais, nada menos que cinco pães e dois peixes está hoje ao nosso lado e suprirá todas as nossas necessidades (Filipenses 4:19). Esse, aliás, é o pilar sobre o qual podemos levar uma vida sem dívidas. Em muitas ocasiões, contraímos dívidas porque agimos por impulso, querendo obter algo com nossas próprias forças, sem esperar o tempo e o modo

142 NA RIQUEZA E NA POBREZA

de Deus. Se confio, porém, que ele supre e suprirá todas as minhas necessidades, não preciso me antecipar a possuir algo com o dinheiro que não tenho, pois, no momento certo, o Senhor me dará a oportunidade e os meios para conseguir aquilo, de acordo com sua vontade.

A atenção de Jesus às nossas necessidades vai além do que possamos imaginar. Ele não fica esperando nossa oração para ser informado do que carecemos. Ele está ali na nossa vida o tempo todo.

Jesus interveio sobrenaturalmente numa situação de dívida que envolvia Pedro e ele próprio. Ambos, juntamente com o grupo de discípulos, estavam viajando por Israel havia um tempo. Tão logo chegaram a Cafarnaum, sua cidade natal, Pedro foi abordado por coletores de impostos do templo, perguntando se Jesus pagava o imposto ou não (Mateus 17:24). Esse imposto era previsto pela lei judaica, e era usado para arcar com as despesas ligadas ao serviço do templo (Êxodo 30:13; Neemias 10:32). Todos os homens judeus acima de vinte anos de idade deveriam contribuir anualmente com a taxa, que era coletada em determinada época do ano. Ou Pedro e Jesus tinham estado ausentes durante a época do recolhimento e estavam em dívida, ou haviam chegado na época do pagamento.

É interessante que os coletores não foram cobrar Pedro. Eles queriam saber se Jesus pagava o imposto ou não. Mas no final do relato, podemos ver que o próprio Pedro não havia pagado o imposto. Outra coisa interessante é que, quando Pedro encontrou Jesus, mais tarde, o assunto foi trazido à discussão por Jesus, não por Pedro. O texto deixa bem clara a iniciativa de Cristo: "Quando Pedro entrou na casa, *Jesus foi o primeiro a falar*" (Mateus 7:25b, grifos meus). Não sabemos se Pedro estava pensando no assunto ou não, mas Cristo estava. Ele sabia que tanto ele como seu amigo tinham aquele débito.

Jesus sabe de todas as nossas dívidas, centavo por centavo. E ele se importa com isso, por mais que nós mesmos esqueçamos ou ignoremos o fato. Ele está disposto a conversar a respeito do assunto, a nos ensinar sobre nossa posição de filhos e a prover para nós, se confiarmos nele.

Jesus ensina a Pedro que ambos estão debaixo de outra realidade de serviço a Deus. A realidade do templo exigia sustentar os levitas

O QUE FAZER COM AS DÍVIDAS? **143**

que faziam o serviço, numa relação patrão-empregado. Porém, Pedro, como Jesus, não tinha um relacionamento de trabalho com Deus, mas de filho. Ele não estava em dívida com o Pai. Sendo assim, Pedro e Jesus não estavam sob juízo ou condenação divinos se não pagassem o imposto do templo. Porém, *convinha* pagá-lo para não escandalizar os outros (v. 27).

Repare que Jesus tinha toda a justificativa do universo para não pagar esse tributo. Ele tinha autoridade e credenciais para dizer que era Filho do Dono do mundo, o que o isentaria desse tipo de cobrança. Além disso, o templo e seus rituais religiosos representavam tudo o que Cristo viera abolir como meio de relacionamento com Deus. Ele ainda sabia que a elite religiosa da sua época amava o dinheiro acima de Deus (Marcos 12:38-39; Lucas 16:14). Mas não era com um boicote econômico que Jesus "derrubaria" o sistema e instituiria o seu reinado. Não cabia a Cristo, naquele momento, julgar os líderes, o sistema religioso e o uso que faziam do dinheiro. O que ele tinha de fazer era cumprir a lei.

E Pedro? Reparou como Jesus incluiu a dívida de Pedro como sendo sua? Os dois tinham de pagar o imposto, e Jesus se responsabilizou por isso. Penso que fez isso porque Pedro havia se colocado sob a provisão e o cuidado de Jesus desde o começo, quando abandonou seu negócio para segui-lo. Como o Mestre, Pedro também não tinha "onde repousar a cabeça" (Lucas 9:58). Pedro abraçou tudo o que era de Jesus, e assim, o que era de Pedro passou a ser de Cristo também.

Sei que muitas dívidas que fazemos acontecem justamente porque não tomamos para nós o que é de Cristo. São dívidas que nascem a partir da nossa própria vontade, e talvez da nossa cobiça e ansiedade. Mas ainda assim, podemos contar com a misericórdia de Deus. Como no caso do imposto do templo, a dívida ou a ausência dela não nos torna mais ou menos filhos de Deus. Assim como levamos até o Pai os nossos pecados, também podemos apresentar a ele nossas dívidas e contar com sua provisão, se estivermos dispostos a fazer o que ele nos fala.

No caso de Pedro, Jesus lhe deu uma orientação direta: "Vá ao mar e jogue o anzol". Em outras palavras: "Vá trabalhar". Pescar era o trabalho de Pedro, algo que ele sabia fazer de olhos fechados. A provisão sobrenatural *começa* com o agir natural, como falamos anteriormente. Mas ela vai além: "Tire o primeiro peixe que você pegar, abra-lhe a boca, e você encontrará uma moeda de quatro dracmas. Pegue-a e entregue-a a eles, para pagar o meu imposto e o seu" (Mateus 17:27). Esse tipo de pesca milagrosa Pedro não teria condições de fazer com sua profissão. Mas ele confiou na palavra de Jesus.

Talvez fiquemos com a impressão de que Jesus só fez o milagre porque ele também devia pagar o imposto. No entanto, em todo o seu ministério, a começar pelas tentações no deserto, Jesus nunca usou seu poder em benefício próprio. Todos os milagres e sinais que ele realizou foram em benefício de outras pessoas, e com o objetivo de proclamar o Reino de Deus. Sendo assim, este milagre aconteceu por causa de Pedro, e não de Cristo. Ele queria mostrar a Pedro que ele era tão filho de Deus quanto o próprio Jesus, e que o Pai supriria suas necessidades também.

COMO TRATAR AS DÍVIDAS DIANTE DE DEUS

A dívida nos torna escravos, mas muitas vezes não é apenas o pagamento do débito que nos liberta. Precisamos tratar desse assunto diante de Deus para aprender com ele como ter um comportamento cristão (ou seja, igual ao de Cristo) em relação ao uso do dinheiro.

Portanto, se a Bíblia ordena o cristão a não se colocar sob nenhuma escravidão (Gálatas 5:1), e se dívida é escravidão, então podemos concluir que se contraímos uma dívida, desobedecemos à ordem de Deus. E o que fazemos quando desobedecemos? Confessamos nosso pecado.

Na oração-modelo que Cristo no deixou, a chamada "Pai-nosso", aprendemos que temos de pedir perdão por nossas dívidas (Mateus 6:12). Precisamos confessar ao Pai que não esperamos o "pão nosso de cada dia", mas quisemos sair comprando o pão de um ano inteiro por falta de fé na provisão de Deus, por ansiedade, por ganância ou outros motivos. Confesse a Deus as dívidas que você contraiu e peça a ele para lhe revelar o que está por trás da dívida, a verdadeira motivação de seu coração que levou você a fazer o que fez.

Em segundo lugar, devemos aprender a dar satisfação. Muitas vezes, a pessoa está devendo, sabe disso, mas faz de conta que está tudo certo. Isso é terrível, especialmente quando se deve para outra pessoa. Quando nos calamos a respeito de nossas dívidas, fechamos canais de comunicação e de comunhão. É o elefante roxo no meio da sala, que todo mundo se esforça para fazer de conta que não está lá, que não está ocupando espaço e incomodando.

Em Mateus 18, temos a parábola de um homem que devia horrores, e então foi ao seu credor pedir misericórdia. Confessar a dívida a Deus é um exercício de arrependimento, mas confessar a dívida ao próximo é um exercício de humildade, seja para uma pessoa, seja para o banco. Quando alguém descobre que não terá condição de honrar um débito na data combinada, tem o dever de dar satisfação. A frase "Devo, não nego, pago quando puder" é um terrível testemunho contra o cristão, e põe a perder uma vida de consagração e santidade. É uma atitude que condena a pessoa diante dos outros, por mais espiritual que ela pense ser. É doloroso demais perceber que pessoas são afastadas do evangelho e da salvação por causa de maus pagadores que se dizem "crentes". Quem faz isso não conhece Jesus, que, além de pagar o imposto que devia, pagou a dívida que todos nós contraímos contra ele mesmo. Jesus não deixa dívidas em aberto, e seus discípulos deveriam viver do mesmo jeito, com a mesma cautela.

Por fim, creia no perdão e na restauração que o Senhor fará. Na cruz, Jesus perdoou todas as transgressões e cancelou a escrita de dívida, que nos era contrária (Colossenses 2:13-14). Receba a liberdade integral que Jesus conquistou para você e não a troque por nada.

Resumir *para* compartilhar

Logo a seguir você encontra os principais pontos deste capítulo. Releia e compartilhe com sua família.

- Dívida é tudo pelo que eu ainda não paguei integralmente.
- Todo crédito é um empréstimo, inclusive o cartão de crédito.

- Não existe parcela sem juros. Se o juro não está especificado, é porque está embutido no valor do produto.
- O primeiro passo para sair das dívidas é saber quanto estou devendo.
- Só negocio uma dívida ou compra em longas e altas prestações depois de ter feito a planilha H2O e a planilha de projeção Eduardo & Mônica.
- Se não consigo usar cartão de crédito, o melhor a fazer é me livrar dele.
- A dívida tem um peso espiritual, porque me torna escravo de alguém, e fui chamado em Cristo para viver em total liberdade.
- Como cristão, a única dívida que posso ter é a de amor pelos outros.
- Deus supre todas as minhas necessidades por meios naturais ou sobrenaturais.
- Jesus já conhece todas as minhas dívidas e quer falar comigo a respeito delas.
- Ao confessar minhas dívidas a Deus, encontro o caminho da liberdade.
- Além de confessar as dívidas, tenho de ser humilde e dar satisfação quando não conseguir honrar uma dívida.

6
Qual é o melhor investimento?

Você **investiria 10%** de sua renda num negócio com **100% de retorno**?

Muita gente acredita que só está pronta para investir quando tudo está no devido lugar: as dívidas pagas, a planilha redonda e, principalmente, quando tem dinheiro sobrando. Você pensa assim também?

Esse é um equívoco clássico. A maioria dos gurus de finança vai lhe dizer que investir é um compromisso. Se você esperar "sobrar" dinheiro para investir, adivinha? Nunca vai sobrar, e você nunca irá investir.

Investir é a única forma possível de você viver num degrau acima do que vive hoje e ir além. Talvez você pense que a solução para viver acima é ter um emprego melhor, ou encontrar uma segunda fonte de renda. Isso ajuda, mas a verdade (que você deve ter aprendido ao longo da leitura deste livro) é que, quando ganhamos mais, simplesmente gastamos mais. Se sua família vive com R$ 2.000,00 hoje, mas amanhã começam a entrar na conta R$ 2.500,00, não espere que vá sobrar quinhentão no fim do mês. Vocês irão aumentar proporcionalmente os gastos (ou até desproporcionalmente, gastando ainda mais do que começaram a ganhar), e o que era "sobra" começa a rodar no dia a dia.

Investir significa rever prioridades. Você sai da roleta do cotidiano, espreme aqui e ali para conseguir concretizar sonhos e viver em um nível que não é possível de ser alcançado se não tiver o propósito, a intenção de alcançar.

Qual é, então, o melhor investimento em que você e sua família podem aplicar seu dinheiro?

A internet está cheia de dicas de todos os tipos de investimentos disponíveis no mercado financeiro. Você consegue encontrar recursos para descobrir qual deles mais combina com seu perfil e seus objetivos, como calcular sua renda futura e outros trilhões de coisas legais. O que quero lhe mostrar aqui, no entanto, não é um investimento que você pode recuperar em um, dez ou vinte anos. É um tipo de investimento com liquidez imediata e também eterna.

O melhor investimento do ponto de vista bíblico se chama generosidade. Praticando a generosidade, tornamo-nos cada vez mais senhores do dinheiro e decidimos o destino dele, em vez de sermos seus servos e termos nosso destino decidido por ele.

Vamos estudar melhor esse investimento em duas etapas: o bê-á-bá para começar a investir certo e um plano para quem quiser ir além.

O BÊ-Á-BÁ DO INVESTIMENTO

Deus sabe que temos muita dificuldade nessa matéria de generosidade. Na verdade, nosso problema é com o dinheiro. Ele é uma das poucas coisas que consegue ocupar e "desempenhar" o papel de Deus em nossa vida. Quando as riquezas tomam o lugar de Deus, elas viram "Mamom", uma entidade (Mateus 6:24).[1] Deixa de ser uma coisa que controlamos e passa a ser uma coisa que nos controla. Por isso, Jesus considerou as riquezas como um tipo de "senhor": "Ninguém pode servir a dois senhores. [...] Vocês não podem servir a Deus e a Mamom". Em toda a Bíblia, só Mamom rivaliza com Deus no sentido de ser "senhor" do homem. Deu para perceber o tamanho do poder com o qual você está lidando?

A fim de nos ajudar a usar esse poder para o bem, em vez de sermos engolidos por ele, Deus preparou um jeito de praticarmos a generosidade regularmente até que nosso coração duro e egoísta, que idolatra o dinheiro e seu poder, se torne um coração generoso.

Essa prática básica da generosidade se chama *dízimo*.

A palavra "dízimo" significa "décima parte". Hoje em dia, os cristãos têm muitas opiniões e dúvidas sobre o dízimo: "Isso era coisa do Antigo Testamento!", "Jesus não fala de dízimo", "O valor do dízimo é facultativo, você contribui de acordo com seu coração", "Tenho mesmo de dar 10% do meu salário bruto ou do que cai na minha conta?".

A grande dúvida é se o cristão deve ou não dizimar, e o grande argumento contra o dízimo é o entendimento de que não estamos mais vivendo o Antigo Testamento.

Porém, não existem dois "Deus", o de antes e o de agora. Não é isso que se vê na Bíblia. O que encontramos são instruções que acompanham o povo de Deus o tempo todo. A prática da generosidade é uma delas. O dízimo é uma forma de cuidar do povo de Deus e também de honrá-lo.

Os primeiros dízimos

A primeira oferta ao Senhor é narrada em Gênesis 4, quando Caim e Abel ofertam. O Senhor olhou para o coração do ofertante, como faz até hoje, e por isso rejeitou o que Caim ofertou. O texto não fala de dízimo, mas fica claro que havia um princípio de apresentar a Deus o que cada um havia recolhido a partir de seu trabalho, seguindo a linha do que apresentamos no primeiro capítulo, a respeito de devolver o que pertence ao Senhor.[2]

O primeiro dízimo foi dado por Abraão, num contexto de guerra. Gênesis 14 conta a respeito de uma batalha que aconteceu entre nove reis, quatro contra cinco. Uma das cidades que participou dessa guerra foi Sodoma, onde vivia Ló, sobrinho de Abraão. O rei de Sodoma perdeu a guerra, e tanto os bens como a população da cidade — inclusive Ló — foram capturados pelos reis vencedores.

150 NA RIQUEZA E NA POBREZA

Abraão ficou sabendo da história, reuniu seus homens e alguns aliados e foi batalhar pela vida de Ló e de sua família. O pequeno exército de Abraão venceu e libertou todos os prisioneiros. Também recuperou os bens de Sodoma.

Quando Abraão voltava para casa, dois reis foram ao seu encontro: Bera, rei de Sodoma, e Melquisedeque, rei de Salém. A cidade de Sodoma é aquela famosa por sua perversidade, a qual Deus decidiu destruir mandando fogo e enxofre do céu (Gênesis 19:23). Mas isso aconteceu depois da guerra. Já a cidade de Salém, que aparece na história pela primeira vez aqui, se tornará famosa depois. Ela é a futura cidade de Jerusalém (jeru-*salém*), fundada pelo rei Davi, onde foi construído o templo do Senhor.

Esses dois reis chegaram a Abraão com intenções diferentes. Bera, de Sodoma, que perdeu a guerra, veio para *pedir*. Ele pediu os prisioneiros de volta, mas estava disposto a recompensar Abraão pelo incômodo. Ofereceu que Abraão ficasse com as riquezas da cidade (Gênesis 14:21), as quais ele havia recuperado. Ou seja: Bera propõe que Abraão fique com o que já deveria ser dele. Muito esperto.

Já Melquisedeque, rei de Salém, veio para *dar*. Ele trouxe seu próprio pão e vinho para compartilhar com Abraão, e o abençoou em nome de Deus (vs. 18-19). Detalhe: ele não tinha nada a ver com a história, não devia nada a Abraão, mas veio mesmo assim.

O que Abraão fez diante de reis e propostas completamente diferentes?

Ele recusou a oferta de Bera, dizendo: "Não aceitarei nada do que lhe pertence, nem mesmo um cordão ou uma correia de sandália para que você jamais venha a dizer: 'Eu enriqueci Abrão'" (v. 23). Abraão recusou a oferta porque ela não vinha do Senhor. Ele tinha direito à riqueza de Sodoma, já que fora ele quem salvara a cidade. Mas recusou isso, talvez porque soubesse o quanto a cidade era perversa. Ele não queria nada daquilo na sua vida, nem um cordão.

Já em relação a Melquisedeque, a Bíblia diz que: "Abraão lhe deu o dízimo de tudo" (v. 20). Melquisedeque é uma pessoa muito interessante, porque ele aparece do nada na história e depois vai embora da mesma forma. Mas ele vem em nome do Senhor para abençoar o

QUAL É O MELHOR INVESTIMENTO? **151**

patriarca e alimentá-lo com sua própria comida. Ele não pediu nada ao patriarca. Então, para aquele que lhe deu sem pedir, Abraão também dá, sem perguntar. De tudo o que havia despojado na guerra, com exceção das coisas de Sodoma (as quais não queria nem pintadas de ouro), Abraão separa a décima parte e entrega a Melquisedeque, que viera em nome do Senhor para lhe abençoar e compartilhar (Hebreus 7:5).

Algum tempo depois disso, outro patriarca se comprometeu a dizimar: Jacó. Ele era neto de Abraão. Depois que Deus se revelou a ele, Jacó fez um voto: "Se Deus estiver comigo [...] então o Senhor será o meu Deus [...] e de tudo o que me deres, *certamente te darei o dízimo*" (Gênesis 28:20-22, grifos meus).

Podemos perceber que esses primeiros servos de Deus possuíam um entendimento muito maduro de que deveriam devolver ao Senhor parte daquilo que haviam recebido dele. Não faziam isso porque eram obrigados por uma lei; era uma questão de princípio, de gratidão e de generosidade.

A Lei com os mandamentos a respeito do dízimo, os quais vou chamar de *instruções*, veio por meio de Moisés mais de quatrocentos anos depois de Abraão[3] ter dado o primeiro dízimo registrado na Bíblia. Como acontece em diversas instruções, antes de dar um mandamento, Deus apresenta o motivo daquilo. Em relação ao dízimo, o argumento apresentado é o de que todas as coisas que existem pertencem ao Senhor (Deuteronômio 10:14), mas o que ele quer é que apenas 10% das produções agrícolas e dos rebanhos sejam consagrados a ele (Levítico 27:30,32). Acho justo.

Mas o que Deus ia fazer com esses 10%?

O Senhor direcionou o dízimo aos levitas, para sustentá-los (Números 18:21-24). Os levitas, por sua vez, davam um dízimo do que recebiam ao sumo sacerdote (vs. 25-28). Além dessas situações, dízimos especiais também eram requeridos durante a celebração das festas (Deuteronômio 12:17-19), e a cada três anos os israelitas deveriam dar um dízimo de caridade para levitas, estrangeiros, órfãos e viúvas que viviam em sua cidade (Deuteronômio 14:28-29).

No fim das contas, o povo de Israel dizimava muito mais que 10%. Alguns estudiosos calculam que tudo o que ofertavam girava em torno de 20% da sua receita anual.⁴ O objetivo dessa contribuição toda não era enriquecer pessoas, nem "pagar" Deus, mas fazer com que o povo de Deus não passasse necessidades. Um cuidava do outro. Isso me faz pensar que, se fôssemos uma sociedade mais generosa, teríamos bem menos desigualdades e problemas sociais.

OS LEVITAS DE ISRAEL

Hoje a palavra "levita" significa coisas diferentes em igrejas diferentes. Em Israel, era uma coisa só: levita era quem nascia na tribo de Levi. Deus escolheu essa tribo, da qual Moisés fazia parte, para ministrar ao povo, carregando a arca da aliança e falando em nome do Senhor. Por causa dessa grande honra, os levitas não tinham nenhum terreno em Israel. Deus era a sua herança (Deuteronômio 10:8-9). O que os sustentava era o dízimo que as outras tribos de Israel lhes destinavam. Esse valor também era utilizado para a manutenção do lugar santo de Deus.

Jesus e o dízimo

Jesus nunca discutiu abertamente a questão do dízimo, como fez em relação ao sábado, ao jejum e a outros assuntos. Ele certamente dizimava, porque a Bíblia diz que ele cumpriu toda a Lei (Mateus 5:17), e como vimos, dizimar era um reconhecimento natural da soberania de Deus. Jesus honrava o Pai. Entretanto, Cristo fez um breve comentário sobre dízimos em meio a um sermão de censura contra os fariseus. Ele disse: "Ai de vocês, mestres da lei e fariseus, hipócritas! Vocês dão o dízimo da hortelã, do endro e do cominho, mas têm negligenciado os preceitos mais importantes da lei: a justiça, a misericórdia e a fidelidade. Vocês devem praticar estas coisas, sem omitir aquelas" (Mateus 23:23).

Mateus 23 é um sermão às avessas: Jesus ensina seus discípulos o tipo de gente que eles *não* devem ser a partir do mau exemplo

QUAL É O MELHOR INVESTIMENTO? **153**

dos fariseus. Nesse contexto, ele fala do dízimo. Perceba que Cristo não está denunciando o dízimo em si, mas a intenção dos fariseus ao dizimarem. Os fariseus faziam questão de serem megacriteriosos no cumprimento de ritos religiosos que podiam ser vistos para que, se exibindo na execução dessas coisas, os outros os considerassem super-religiosos (confira Mateus 6:2,5,16). Dar o dízimo era uma forma de se mostrar, porque todos podiam ver o fariseu contando as folhinhas do seu pé de hortelã na horta de casa, talvez durante horas (não tinham mais nada para fazer, né?), depois cortando exatamente 10% da sua safra de folhinhas de hortelã, e então levando aquele dízimo ao templo.

Mas eles não eram tão criteriosos assim no cumprimento de instruções mais difíceis, que exigiam um sacrifício real. Os fariseus não se dedicavam a cumprir os "preceitos mais importantes da lei: a justiça, a misericórdia e a fidelidade", porque isso era difícil demais e não lhes daria o status que queriam ter. [5]

O que Jesus falou em relação a isso? "Vocês deveriam praticar a justiça e a misericórdia em vez de dar o dízimo"? Não, ele disse que deveriam "praticar estas coisas, *sem* omitir aquelas". Ou seja: deveriam praticar a justiça, a misericórdia e a fidelidade *sem* deixar de lado o dízimo. Deveriam honrar Deus em todos os detalhes. Jesus estava mostrando o perigo de confiar apenas nas regras e rituais, sem ter o coração voltado para Deus. Ele não estava condenando o dízimo, mas explicando que essa prática não teria valor se a pessoa não fosse realmente dedicada ao bem.

Concluímos que o dízimo, até das pequenas coisas, não deve ser negligenciado, pois é um ato de obediência e reconhecimento de quem o proveu. Mas não devemos pensar que, com isso, estamos agindo como heróis, fazendo um sacrifício enorme e impressionante. Dar o dízimo é o caminho básico para quem quer ser obediente e generoso. É a Aula 1 do discípulo de Jesus. Quando dizimamos, deveríamos pensar: "Isso aqui é só o começo". [6]

O dízimo e a Igreja

Você teria a igreja que tem hoje só com o dízimo que você dá?

É verdade que o Novo Testamento não traz nenhum versículo do tipo "Deem o dízimo do seu salário". O que vemos são muitos episódios de contribuição e oferta. Da mesma forma, também não vemos ordens do tipo: "Guardem o domingo" ou "Dediquem um dia da semana para o Senhor", mas existe muito menos crise em relação a isso do que em relação ao dízimo. Quando mexe no bolso é sempre mais difícil!

Tanto a instrução de guardar o sábado como a de dar o dízimo, bem como todas as outras registradas no Antigo Testamento, tinham muita mais coisa em vista do que ser apenas um ritual. Essas instruções protegiam e ensinavam princípios divinos. No caso do sábado, por exemplo, o princípio é o do descanso, que ensina a pessoa a confiar no Senhor para sustentar sua família, e não em seu trabalho. Por isso, ela pode descansar um dia por semana em vez de trabalhar, e dedicar esse tempo em culto a Deus. Já no caso do dízimo, o princípio que ele protege é o de que tudo pertence a Deus — tanto os 10% que devolvo como os 90% que ficam comigo —, e ele ensina a gratidão para com o Provedor, bem como a generosidade para com o próximo.

Com a vinda de Jesus, os rituais caem mesmo por terra. Mas os princípios não, eles continuam valendo. A vinda de Jesus e a era da graça não significam que posso trabalhar feito camelo, correndo atrás do sustento da minha família, nem que devo me apropriar de tudo o que cair nas minhas mãos, sem me preocupar com os outros. Eu diria, aliás, que é bem o contrário. A graça me permite trabalhar para sustentar outras famílias (confira Efésios 4:28), bem como me permite dividir tudo o que tenho com a igreja, e não só 10% (veja Atos 4:32-35).

Ao juntar a contribuição de cada família da igreja, temos capacidade de fazer coisas maiores do que poderíamos sozinhos. É a força do coletivo que faz da igreja uma sociedade forte. Até o governo sabe que com um pouco de cada cidadão é possível ter enormes fortalezas. A diferença é que, enquanto o imposto é obrigatório, em Deus, agimos por escolha, não por imposição (veja 2Coríntios 9:7).

O dízimo também garante que a igreja tenha mantimento (Malaquias 3:10), mas não para si, pois a igreja como prédio não "come" nada. O mantimento é para acolher os outros.

Para mim, o primeiro mantimento é o espiritual. Podemos pensar no mantimento material que se pode distribuir a partir da igreja, na forma de cestas básicas, estruturas de acolhimento e qualquer outro tipo de ajuda social. As pessoas pagam por coisas que possam "suprir" sua alma, como um show para saciar a fome de diversão, uma viagem para saciar a fome de expansão, ou uma comida especial saciar sua fome de conquista. Porém, muitas almas continuam famintas. Como igreja, podemos supri-las com o mantimento espiritual, na forma de ministérios para a cidade. Nas cidades existem bairros com maior ou menor carência material, mas todos eles possuem pessoas em situação de miséria espiritual, que precisam desse mantimento de amor, salvação e reconciliação que apenas a igreja pode oferecer. Seja distribuindo cesta básica, seja apresentando o evangelho, é necessário haver recursos para custear essa expansão. O envolvimento dos membros da igreja para manter não uma mera estrutura física, mas o ministério de sua comunidade local é de grande bênção para toda a sociedade em que a igreja está inserida.

O dízimo é o mínimo que se orienta ao cristão em termos de generosidade. Damos o dízimo para suprir o trabalho da nossa igreja local e dos ministros que se dedicam integralmente a esse serviço. Mas há muito mais que o cristão deve fazer, não por lei, mas por ter o coração transformado. Quem se dispuser a praticar o ensino do dízimo como simples ponto de partida, procurando crescer na graça da contribuição, creio que experimentará colheitas muito diferentes das que vive hoje.

A história de Robert Gilmour LeTorneau me inspira muito. Ele, que era um mecânico simples, se tornou muito rico e um grande reconhecedor de Deus em seus negócios. É o autor de uma das frases sobre o dízimo que considero mais provocadoras e realistas: "A questão não é quanto de meu dinheiro devo dar ao Senhor, mas quanto do dinheiro do Senhor devo guardar para mim". LeTorneau passou a ter um relacionamento tão íntimo com Deus em seus negócios que chegou a doar 90% de tudo que sua empresa gerou, pois creu que a empresa era uma sociedade com Deus. Deus era seu sócio majoritário e, assim, os 10% lhe bastavam.[7]

Quando perdemos essa conexão com Deus, passamos a crer que tudo depende de nossos esforços. Esquecemo-nos de que tudo já nos foi dado, de que somos administradores, e não donos, e invertemos a ordem.

Outra frase que mudou minha forma de pensar sobre dízimos e ofertas foi: "Se não sei viver com 90% do que Deus me deu, não serão 10% que farão a diferença". É uma grande provocação sobre nosso comportamento em relação aos 100% que nos foram dados na vida. Essa frase inspirou muito este livro, e me impulsiona a ter mais controle de minha vida financeira para ser mais generoso, e não um controlador mesquinho. Toda vez que atualizo minha planilha financeira projetada para seis ou doze meses, sinto uma alegria imensa por saber o quanto Deus me abençoa a cada momento e me ajuda ser ainda mais generoso. Experimente e depois compartilhe!

O DEVORADOR

Aos que entregam seus dízimos, Deus prometeu: "repreenderei o devorador, para que não vos consuma o fruto da terra" (Malaquias 3:11, RA). O devorador, na época, era uma qualidade de gafanhoto que, como diz o nome, devastava as plantações (veja Joel 1:4—2:25).

Hoje em dia, porém, vejo que o devorador é o que muitos chamam de "conquista". O carro dos sonhos, por exemplo, que está acima da possibilidade financeira atual, se torna uma "conquista" quando a pessoa o compra. Como é dos sonhos — dos sonhos *dela* —,

ela se esforça e compra, faz dívidas, aperta as coisas, fica sem dizimar, e depois diz que Deus abençoou aquela compra. Eu não vejo assim.

Deus abençoou condições diversas para termos o suficiente. O carro dos sonhos seria uma conquista real se tivesse sido pago à vista. Porém, tendo sido parcelado em mil prestações, ainda não é seu e, mais que isso, o escraviza e consome sua renda, sua paz, seus sonhos. É uma forma de devorador.

Quando somos fiéis a Deus, ele nos dá condições de obtermos aquilo de que precisamos, e ainda muda nosso coração para sonharmos com o que vem dele, e não com o que vem de nós. Assim experimentamos que "a bênção do Senhor traz riqueza, e não inclui dor alguma" (Provérbios 10:22), pois o devorador foi repreendido primeiramente em nosso coração, e depois naquilo que o Senhor nos concedeu.

O primeiro pedaço de bolo

Tem gente que diz que gostaria de ser dizimista, mas fala que não consegue porque "nunca sobra". Em vez de dar graças, muitos olham para a provisão que recebem do alto como sendo insuficiente. Porém, quando ouço que nunca sobra, penso que Deus ficou por último.

Mas o Senhor nunca pediu as suas sobras, nem do seu tempo, nem do seu coração, nem do seu dinheiro.

Na Bíblia, a palavra "dízimo" é usada ao lado da palavra "primícias". As primícias eram os primeiros frutos colhidos numa plantação, ou os primeiros animais nascidos num rebanho, ou os primeiros lucros de um negócio. Os primeiros frutos, os primeiros animais e até mesmo os primeiros filhos de um casal deveriam ser dedicados ao Senhor (Êxodo 13:2; 23:19).

Assim, o dízimo não é apenas 10% do que se obteve com o trabalho, mas também a primeira e melhor parte desse trabalho.

Ofertar a partir das primícias é demonstrar o que é prioridade na sua planilha. Essa é uma das atitudes que Salomão lista para quem deseja viver por muitos anos com prosperidade e paz: "Honre o Senhor com todos os seus recursos e com os primeiros frutos de todas as suas plantações; os seus celeiros ficarão plenamente cheios, e os seus barris transbordarão de vinho" (Provérbios 3:9-10).

Se o dízimo vai caindo naquela lista de "Se sobrar, eu dou", ele não é dízimo. É resto. E Deus vai aceitar? Já falamos que o Senhor não precisa do seu dízimo, nem mesmo do seu salário inteiro, para se manter. Ele é dono de tudo. A questão é: o que você está ofertando, e por que está entregando isso? Para quem você está oferendo esse "primeiro pedaço de bolo"?

Separar o dízimo assim que o salário cair, fazer a transferência, sacar o dinheiro e colocar num envelope – escolha o método que for melhor para você! – é um exercício de estabelecer prioridades, de dar a cada um o que lhe é devido (Romanos 13:7).

Pessoalmente, controlo as datas das entradas que receberei. Assim que elas chegam, tenho uma alegria imensa em repassar em primeiro lugar o agradecimento pelo que me foi dado. Não vou relatar as minhas muitas experiências em consagrar minhas finanças a Deus, mas desafio você a começar fazer isso, crer na Palavra, colocar Deus em primeiro lugar. Tenho certeza de que terá grandes testemunhos para contar, como eu tenho e vivo a cada dia. Deixo aqui minha oração para sua vida: que o desejo de exercer a generosidade tome seu coração, e que sua vida seja próspera tendo Deus sempre em primeiro lugar.

para **refletir** em
casal

Reconfigurar o que se pensa sobre finanças não é fácil. Falar de doar o que talvez nos falte é ainda mais complicado. Mas quando estamos dispostos a fazer a vontade de Deus, custe o que custar, sempre somos recompensados pelo Senhor de maneiras que não podemos imaginar. Se vocês creem que precisam melhorar sua vida financeira no que se refere ao dízimo, separem alguns minutos para meditar nos textos abaixo, ou escolham alguns. Meditem juntos, e convidem o Espírito Santo para lançar luz sobre suas dúvidas e seus temores.

- Gênesis 14:11-24; Hebreus 7:1-10.
- Números 18:20-24.
- Deuteronômio 14:22-29.
- Neemias 12:44-47.
- Malaquias 3:6-12.
- Mateus 23:1-36.
- Marcos 12:35-44.
- 2Coríntios 8:1-15.
- 2Coríntios 9:6-15.
- Filipenses 4:10-20.

PARA IR ALÉM

 Quem é **dono dos 90%** restantes do seu salário?

Faça contas: se sua renda é de R$ 5.000,00 e você tem problemas com o dízimo, quer dizer que a maior parte dos problemas de sua vida está concentrada em R$ 500,00? Não consigo me convencer disso, mas estou aberto para debater, se você desejar.

Ainda assim, muitos cristãos têm sido negligentes com esses 90%. Ainda que Deus tenha prometido abençoar e repreender o devorador daqueles que são doadores fiéis, não podemos desprezar a boa administração dos recursos que ficam em nosso bolso. Porque mesmo em nosso bolso, eles ainda pertencem a Deus.

Muitas pessoas se preocupam em como a liderança da igreja irá administrar os 10% que foram doados, mas não têm o menor critério para gerenciar os 90% que ficam em sua própria casa. Se Deus será criterioso na hora de julgar o que os líderes de igreja fizeram com o dízimo, como será que ele vai considerar o que seus filhos fizeram com os 90% que não foram dizimados?

Cada cristão escolhe o que fará com o que sobrar. É você quem decide se irá investir esse dinheiro em gastos, em dívidas, em acúmulo ou em generosidade.

É muito mais difícil ser generoso do que ser dizimista. Se formos pensar ao pé da letra, o dízimo requer 10% do seu salário. Mas para ser generoso, quanto você deve doar?

Lembro-me da história da viúva ofertante. Enquanto várias pessoas jogavam sacolas de dinheiro nas caixas de oferta, a viúva chegou e jogou apenas duas moedas. Poderiam ser moedas de pouco valor aos nossos olhos. Jesus estava observando tudo. Ele se virou, então, para os discípulos e comentou: "Afirmo-lhes que esta viúva pobre colocou

QUAL É O MELHOR INVESTIMENTO? **161**

na caixa de ofertas mais do que todos os outros. Todos deram do que lhes sobrava; mas ela, da sua pobreza, deu tudo o que possuía para viver" (Marcos 12:43-44). Sem dúvida, a oferta da viúva foi a mais generosa daquele dia.

Deus e Jesus nos deram tudo generosamente. O Pai abriu mão do seu bem mais precioso – o Filho (João 3:16). Jesus abriu mão da glória que possuía ao lado do Pai para se tornar homem (Filipenses 2:6-7) e, como homem, abriu mão também do que possuía de mais precioso: sua vida (confira João 10:17-18).

Alguns seguidores de Jesus também foram exemplos de viva generosidade. A Maria que vivia em Betânia, irmã de Marta e Lázaro, ficou conhecida por despejar um perfume caríssimo nos pés de Jesus. Não foram só duas gotinhas, foi o vidro inteiro, que custava mais ou menos o salário de um ano de trabalho. Jesus reconheceu e afirmou o desprendimento dela, porque disse que seu ato de generosidade seria anunciado onde quer que o evangelho fosse pregado (Marcos 14:9). O anúncio do evangelho caminha de mãos dadas com atos generosos.

Outro exemplo top de generosidade foi Zaqueu. Ele era o chefão da receita federal na cidade de Jericó. A Bíblia não fala da sua conduta antes de se encontrar com Jesus, mas, pelo que se sabe dos cobradores de impostos, dá para supor que Zaqueu enriqueceu ilegalmente, por meio de extorsão. Depois que Jesus jantou com ele, Zaqueu tomou uma decisão: iria dar metade dos seus bens aos pobres (Lucas 19:8). Não sabemos o que eles conversaram ao redor da mesa, mas Jesus não pediu nada de Zaqueu. Foi diferente, por exemplo, de outro homem rico que encontrou Jesus, um fariseu. Zaqueu e esse fariseu eram opostos: o primeiro era conhecido em Jericó por ser um "pecador", mas o segundo disse com muito orgulho que guardava toda a Lei desde a sua adolescência. Para esse cara, Jesus pede algo: "Vá, venda tudo o que você possui e dê o dinheiro aos pobres, e você terá um tesouro no céu. Depois, venha e siga-me" (Marcos 10:21). O fariseu rico não falou nada, só foi embora triste, porque era rico. Mas com Zaqueu foi diferente. Não vemos Jesus lhe pedindo nada – exceto o autoconvite para jantar com ele. A decisão de dar os bens aos pobres veio do próprio Zaqueu, transformado

162 NA RIQUEZA E NA POBREZA

pelo encontro com Jesus. Além do ato generoso, Zaqueu também prometeu arrumar a vida, restituindo as pessoas que ele talvez tivesse lesado em seu trabalho.

Assim, a generosidade não vem do cumprimento de regras e rituais, mas de um coração transformado e tocado pela generosidade do próprio Deus.

Jesus ensina que riquezas não valem de nada se a pessoa não é rica para com Deus (Lucas 12:21). A prosperidade dos seguidores de Jesus deve ter um propósito espiritual. As riquezas daquele fariseu rico serviam só para ele. Na verdade, serviam mesmo era de obstáculo entre ele e Jesus. Já as riquezas de Maria e Zaqueu serviram de teste-munho de seu coração transformado, e foram totalmente investidas no ministério de Cristo.

Quando, então, nos tornamos generosos? É só quando damos tudo? Não. Paulo nos lembra de que ainda que entreguemos todas as nossas posses para os pobres, se não tivermos um pingo de amor no coração, nossa doação não vale nada (1Coríntios 13:3). Assim, a generosidade não é somente o ato de dar, mas uma disposição no coração. Uma vontade doida de abençoar o outro e sair abrindo os armários e gavetas de casa em busca de coisas que possam transmitir essa bênção.

Ser generoso não é um valor apenas do cristianismo. Muitas reli-giões – talvez possamos até dizer que *todas* elas – valorizam a gene-rosidade. Na verdade, até pessoas que não seguem religião nenhuma conseguem admirar um ato generoso (ainda que não consigam pra-ticar nenhum). Mas o que diferencia o cristianismo de qualquer outra religião é que ser generoso não é uma lei ou pré-requisito para ganhar qualquer coisa, mas a expressão de um coração tocado e transfor-mado pelo Deus generoso.

Como vimos, o amor é a única coisa que devemos, e a generosi-dade é uma das melhores maneiras de demonstrar amor e amizade.[8] A Bíblia nos exorta a não encolher a mão quando algum amigo passa necessidade, mas a estender ajuda de forma generosa. É só assim que mostramos que somos mais do que amigos, e nos tornamos verdadei-ros irmãos (Provérbios 27:10).

Paulo nos ensina que, de acordo com Jesus, "há maior felicidade em dar do que em receber" (Atos 20:35). Não é uma questão de o doador estar em melhores condições do que o recebedor. Na verdade, já vi algumas pessoas em condições humanamente ruins dando daquilo que não têm para abençoar outros que estão, teoricamente, em melhores condições. A felicidade de dar vai além disso. Quando dou algo, significa que estou livre de possuir aquilo ou, pior ainda, de ser possuído por aquilo. "Para quem é livre, dar não é obrigação, responsabilidade ou solidariedade. Para quem é livre, dar é amor. Por isso é que se diz que é possível dar sem amar, mas é impossível amar sem dar."[9]

para refletir em casal

- Lembrem-se de alguém que foi generoso com vocês e o quanto isso os abençoou.
- Lembrem-se de alguém que vocês viram ser generoso com outra pessoa e o quanto isso tocou seu coração.
- Reflita sobre quanto esses momentos os inspiraram bem mais do que atos de egoísmo ou indiferença.

Como desenvolver um coração generoso

No começo deste livro, você leu que toda a sua vida passa por finanças. Agora, além disso, considere que, se você é cristão, todas as suas finanças devem passar pela generosidade.

Você gostaria de desenvolver um coração mais apegado a pessoas e menos apegado a riquezas? Deixo a seguir algumas dicas. E, se você tiver algo a compartilhar a esse respeito, ficarei feliz em saber!

- Seja dizimista. Acredito que esse é o primeiro passo para ser verdadeiramente generoso. Já falamos o quanto o dízimo funciona como uma escola para ensinar o desapego e a gratidão, e

164 NA RIQUEZA E NA POBREZA

a gratidão é necessária para a generosidade. Assim, organize-se para ser dizimista, e não abra mão desse privilégio.

- **Seja grato**. A gratidão favorece a doação. Pessoas satisfeitas têm mais facilidade em dar. Vemos isso no final da história contada por Neemias. Depois de passar por diversos perrengues, os habitantes de Jerusalém finalmente conseguiram construir o muro da cidade e se estabelecer lá. O templo também havia sido finalizado, e as pessoas estavam muito satisfeitas com a situação que alcançaram depois de tanta oposição. Por isso, naquele período, elas doavam diariamente para os ministros do templo, os cantores e os porteiros (Neemias 12:47). Preste atenção: diariamente. Quando temos um coração grato a Deus pelo que ele nos proporcionou, temos mais disposição em compartilhar o que recebemos para que as pessoas ao nosso redor experimentem satisfação também.

- **Seja rico de boas obras** (Timóteo 6:17-19). Nosso irmão Tiago explica de um jeito bem fácil o que são boas obras: "Se um irmão ou irmã estiver necessitando de roupas e do alimento de cada dia e um de vocês lhe disser: 'Vá em paz, aqueça-se e alimente-se até satisfazer-se', sem porém lhe dar nada, de que adianta isso?" (Tiago 2:15-16). Em muitos casos, fazer boas obras envolve tirar o escorpião que vive no seu bolso, abrir a carteira e "dar a quem lhe pede" (Mateus 5:42). Precisamos ter cuidado, porque a régua que você usa para medir sua generosidade com o outro é a mesma régua que será usada para medir a generosidade dos outros para com você (Lucas 6:38). Deus se encarrega deste ato de justiça.

- **Seja altruísta**. Somos ensinados a buscar o melhor para nós. Buscamos sempre o melhor negócio na hora de fazer uma compra ou venda. Estamos interessados em sair lucrando. Mas quantas vezes pensamos em quanto a transação está valendo para o outro? Será que somos como o comprador de Provérbios, que desmerece o produto do outro só para se gabar de seu bom negócio depois (Provérbios 20:14)? Somos generosos em nossos acordos? Às vezes buscamos uma qualificação melhor em nosso trabalho para ter mais dinheiro em casa. Mas será que precisamos de todos os centavos que ganhamos? A Bíblia nos inspira sim a trabalhar mais e ganhar mais — mas para ter o que repartir com quem está em necessidade (Provérbios 31:16-20; Efésios 4:28).

para refletir em casal

Sua família tem um coração grato? Vocês conseguem fazer uma lista de agradecimentos, sem ter de pensar muito? Quando temos dificuldade em listar coisas pelas quais somos gratos, isso não significa que não temos o que agradecer, mas que estamos tão condicionados a só receber, dos outros e de Deus, que começamos a achar que nos atender é uma obrigação dos outros. Aí não sobra espaço para gratidão, e menos espaço ainda para a generosidade.

Pratiquem a gratidão. Se precisar de direcionamento, use o Salmo 136 como um guia para agradecer pelas diversas coisas que Deus tem feito por você e sua família. Deixe o Espírito Santo agir sobre o seu coração nesse momento. Algo que me impactou muito foi parar e refletir sobre quem orou por mim ao longo da vida, em diversos momentos. De forma impressionante, contei mais de milhares de pessoas. Se fizer isso também, acredito que você irá perder a conta. Comece sua lista agradecendo a Deus por essas pessoas.

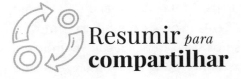

Resumir *para* compartilhar

Dar é o melhor investimento. Compartilhe as lições deste capítulo com sua família para que a generosidade seja uma prática em sua casa, tanto na riqueza como na pobreza.

- Investir significa rever prioridades.
- O melhor investimento do ponto de vista bíblico se chama generosidade.
- O dinheiro é uma das poucas coisas que conseguem ocupar o papel de Deus na minha vida. Quando as riquezas tomam o lugar de Deus, elas viram "Mamom", um ídolo no meu coração.
- Meus sonhos podem se tornar o devorador de meus recursos.
- Dar o dízimo é uma prática básica de generosidade e gratidão.
- Os patriarcas deram o dízimo por questão de princípio, gratidão e generosidade.
- Devo buscar a justiça sem me esquecer de obedecer às instruções de Deus.
- Quando cada família da igreja contribui, podemos fazer coisas maiores do que seríamos capazes sozinhos.
- É mais difícil ser generoso do que ser dizimista.
- Primícias são as primeiras conquistas, a primeira parte, colocar Deus em primeiro lugar em tudo que tenho e conquistei.
- Se dou a Deus do que sobra, não estou dando o dízimo, estou deixando Deus por último.
- A generosidade é fruto de um coração transformado e tocado pela generosidade de Deus.
- A generosidade é uma das melhores maneiras de demonstrar amor e amizade.
- Devo buscar maneiras de desenvolver um coração cada vez mais generoso.
- Devo pensar em quantas pessoas já oraram por mim na vida e agradecer em meu coração por cada uma delas.

Quanto dinheiro sua família já gastou hoje?

De todas as perguntas que poderia fazer para abrir o texto, escolhi repetir a primeira, que usei lá atrás quando começamos nossa caminhada.

Minha expectativa é que, agora, você tenha uma resposta bem sólida! Ainda que não tenha feito todos os ajustes necessários em sua vida financeira, este é o lugar por onde começar.

Quando buscamos responder a esta pergunta, *Quanto dinheiro sua família já gastou hoje?*, somos lembrados de que o dinheiro faz parte das nossas vivências do dia a dia. Faz parte da nossa família, e até mesmo da nossa história. Afirmar isso não é ruim, não é ser consumista ou algo do tipo. É simplesmente atestar a realidade. Assim como nossa vida é acompanhada da passagem do tempo, ela também passa pelo uso do dinheiro, dos alimentos, das nossas habilidades e de tantas outras bênçãos que Deus nos dá, como vimos no primeiro capítulo.

Nosso comportamento como casal em relação a finanças começa a mudar quando deixamos de pensar em "minhas finanças", "suas finanças", e passamos a encarar que, casados, ganhamos juntos e gastamos juntos. Este é o primeiro e maior aprendizado que você deve levar da leitura deste livro.

Assim, ainda que você se empenhe em preencher corretamente todas as planilhas, se este tiver sido um exercício solo, sem a participação (de qualquer forma que seja) de seu cônjuge, não foi 100%. Não significa que tenha sido inútil, de forma alguma. Você certamente

168 NA RIQUEZA E NA POBREZA

descobriu coisas que ignorava antes de ter começado a notar seus gastos. Mas a mudança só acontecerá efetivamente quando os dois se engajarem nessa jornada, cujo objetivo não é ganhar mais ou gastar menos, mas ter um comportamento de consumo transformado pela Palavra de Deus. Assim, não mudamos comportamentos apoiados apenas numa planilha, mas com total crença na Palavra de Deus.

Talvez, porém, você tenha chegado até aqui sozinho. Talvez o perfil financeiro do seu cônjuge esteja mais para o lado daqueles que não querem saber muito (ou nada!) de planejamento. Ou talvez, para ele, tanto faz. É só você apontar o caminho que ele irá segui-lo. Seja como for, não desista. O capítulo 3 fala sobre esses comportamentos. Porém, a melhor forma de trabalhar nessa situação é derramar seu coração diante de Deus. Sim, ore. Conte ao Senhor como você gostaria que fosse a vida financeira da sua família, tanto em relação aos gastos como no planejamento. Diga ao Senhor, não ao cônjuge, o que o chateia e o incomoda. Então, a transformação começa a acontecer. Não, seu cônjuge não vai mudar. O milagre começa a acontecer *em você*, ao perceber que caminho seguir, que ajuda proporcionar. Quem irá mudar seu cônjuge, quando essa parceria é feita com Deus, é o próprio Espírito Santo.

É preciso ter em mente que o casal não pode chegar a bom termo para a solução dos problemas financeiros sem que Jesus seja convidado para habitar em sua vida e guiá-los. Jesus disse: "Porque sem mim, nada podeis fazer" (João 15:15). Esse passo de convidar Jesus estabelece o relacionamento de aliança para que marido e mulher caminhem de acordo com os princípios da Palavra de Deus.

Creio que os casais devem examinar a si mesmos e se perguntar: "O que temos feito com os recursos que Deus nos confiou? Como estamos gastando? Como estamos administrando? O quanto estamos caminhando junto de Deus?". Muitos casais ficam confusos quando se deparam com questões financeiras, dívidas que se acumulam e que os levam a um estado de extrema preocupação. Era para ser tudo um conto de fadas, mas não é. Sou lembrado de diversas formas, por todos os conselheiros que me inspiraram na jornada deste livro – pastor Cláudio Manhães, pastor Rodrigo Brassoloto e pastor

Edio Dalla Torre Jr. – de que o casamento é uma instituição divina, e de que é o Senhor quem a mantém em meio à riqueza e à pobreza.

Sempre que não fazemos o que Deus nos entregou, especialmente na vida conjugal, acabamos sofrendo e nos frustrando. No entanto, ao entender e cumprir os propósitos de Deus, o casal experimenta paz, alegria e satisfação em todas as áreas da vida. Não poderia deixar de citar aqui a querida Parábola dos talentos (Mateus 25:14-30) como exemplo disso.

Então, na sinceridade de nossa oração e na busca de aprender com a Palavra de Deus, o Senhor nos revela o que está errado em nossa maneira de ver o dinheiro, de pensar o consumo. Ele nos convida a rever prioridades financeiras, mas também de toda a vida. Revela as mágoas, expectativas, frustrações e decepções que nos têm paralisado. Aponta os ídolos escondidos em nosso coração, como vimos no capítulo 4. Extrai confissões e pedidos de perdão de nossos lábios. Na oração, somos igualmente desafiados a calçar os sapatos do nosso cônjuge e entender as prioridades e necessidades dele. O Senhor nos chama à misericórdia, ao perdão, à compaixão.

Depois de tudo o que acontece a partir de seu momento individual de oração, a mudança transborda de seu coração para toda a sua casa. Como disse Jesus a uma mulher que tentava consumir água para saciar seu espírito: "Quem beber desta água terá sede outra vez, mas quem beber da água que eu lhe der nunca mais terá sede. Ao contrário, a água que eu lhe der se tornará nele uma fonte de água a jorrar para a vida eterna" (João 4:13-14).

Busque em Deus, primeiramente, essa fonte eterna de contentamento e saciedade, e você poderá compartilhar com os seus, de forma gratuita, amorosa e leve, perspectivas maravilhosas a respeito das finanças.

É somente na presença do Senhor que podemos olhar o dinheiro do ponto de vista correto. É como fazer uma visita ao oftalmologista. Já se sentou numa cadeira de oftalmologista? Ele projeta letrinhas minúsculas do outro lado da parede, e vai trocando as lentes do equipamento para ver a que melhor irá corrigir sua visão. No começo, tudo fica distorcido. Forte demais, fraco demais. Embaçado demais. É assim que vemos o dinheiro sem Deus. Importante demais. Desnecessário demais. Perigoso demais. No entanto, quando nos sentamos na cadeira do consultório de Deus e colocamos as lentes da sua Palavra, vemos tudo claramente. Entendemos que o dinheiro em si não é problema. Ele é apenas um dos muitos recursos que recebemos do Senhor para gerir. É bem verdade que se trata de um recurso bastante poderoso – talvez um dos mais poderosos – mas, ainda assim, podemos afirmar com a Bíblia ao nosso lado que o problema não está no dinheiro, mas em nós: em nossa ganância, irresponsabilidade, negligência, ansiedade. É por isso que não podemos deixar a oração de fora de nosso planejamento financeiro. O objetivo de preencher as planilhas, fazer projeção e controlar gastos não é conseguir poupar cada centavo para satisfazer nossos desejos mais aleatórios, mas buscar satisfazer os bons desejos do nosso Senhor.

Assim, gostaria de me despedir com uma última pergunta.

Que porcentagem de sua renda está satisfazendo a vontade de Deus?

Esta é uma pergunta explosiva! Às vezes pensamos que a resposta é "10%", ou seja, o dízimo. Dissemos no capítulo anterior que o dízimo é um exercício de generosidade, e é só o primeiro de muitos. Isso quer dizer que os outros 90% deveriam ser doados? Mas nesse caso, como sua família sobreviveria?

É importante saber o que o Senhor requer dos recursos que ele nos dá. Satisfazer a vontade de Deus com nosso dinheiro não significa entregar o dízimo, nem doar tudo, mas ser fiel em sua administração.

Perca o medo de ser generoso e grave em seu coração que a chave para a multiplicação é o reconhecimento de Deus como a fonte de nossos recursos. Que, em sua busca por compreender novos valores, você se desvencilhe do erro de crer que seus recursos vêm em decorrência de sua capacidade, como intelecto, diploma, formação profissional e outros. Mil vezes não! A fonte inesgotável de recurso e riquezas para sua família é o próprio Deus. Esta é a grande pérola do casal.

Desta forma, busque em Deus o que ele deseja dia a dia, mês a mês, com o muito que tem lhe dado. Que possamos ouvir juntos, no dia mais glorioso de nossa vida: "Muito bem, servo bom e fiel! Você foi fiel no pouco, eu o porei sobre o muito. Venha e participe da alegria do seu senhor!" (Mateus 25:21).

Anexos

ANEXO **I**

Prática do planejamento financeiro pessoal e familiar

O objetivo deste exercício é ajudá-lo a visualizar possibilidades financeiras a partir do preenchimento e da interpretação das planilhas H2O e Eduardo e Mônica de um casal fictício. Depois de praticar, você poderá aplicar o que aprendeu e criar seu próprio planejamento financeiro. Aqui você também verá exemplos de como preencher as planilhas H2O e Eduardo e Mônica.

Não faça o exercício sozinho! Convide seu cônjuge para fazê-lo com você. Nesta atividade, vocês poderão notar as diferentes perspectivas e ideias de cada um e aprender como combinar suas forças para resolver situações de crise e concretizar sonhos.

CONHEÇA ANA E CARLOS

Ana e Carlos estão na faixa dos trinta anos. Estão casados há seis e têm um filho de quatro anos. A família vive de forma modesta, sem luxos, mas sem carecer de nada. Suas finanças ficaram bagunçada por alguns descuidos e gastos a mais em viagens, o que levou o casal a contrair dívidas. Eles buscaram resolvê-las com empréstimos consignados e o uso indevido de cartões de crédito. Eles estão brigando muito, e até pensam em se divorciar, por não chegarem a um acordo e nem enxergarem uma solução para os seus constantes problemas financeiros.

Sua missão será analisar a planilha H2O do casal e montar a planilha de projeção Eduardo e Mônica. Com base nessas informações, proponha soluções que ajudem Ana e Carlos a equilibrarem as finanças da casa.

Planilha H2O (Hoje os 2 Olham)

RECEITAS E GANHOS DO CASAL	VALOR MENSAL	DÍVIDAS DO CASAL (lançar por tipo de dívida)			
		DÍVIDA	VALOR DA PRESTAÇÃO	Nº DE PRESTAÇÕES A PAGAR	TOTAL DA DÍVIDA
Salários fixos	R$ 3.543,00	Cartão 1	R$ 300,00	18	R$ 5.400,00
Vale-alimentação	R$ 125,00	Cartão 2	R$ 1.300,00	1	R$ 1.300,00
		Cartão 3	R$ 180,00	4	R$ 720,00
		Cartão 4	R$ 310,00	4	R$ 1.240,00
		Cartão 5	R$ 805,00	1	R$ 805,00
		Empréstimo 1	R$ 328,00	22	R$ 7.216,00
		Empréstimo 2	R$ 260,00	12	R$ 3.120,00
		Empréstimo 3	R$ 390,00	2	R$ 780,00
TOTAL mensal de receita do casal	R$ 3.668,00	TOTAIS	R$ 3.873,00	64	R$ 20.581,00

DESPESAS	MÊS 1
Dízimo	R$ 366,80
Investimentos mensais/aplicações	R$ 172,00
Água	R$ 52,00
Energia elétrica	R$ 78,00
IPTU*	R$ 85,00
Celular	R$ 132,00
Internet	R$ 289,00
Açougue	R$ 247,00
Feira	
Mercado	
Padaria	R$ 72,00
Dentista	R$ 100,00
Farmácia	R$ 166,00
Escola/faculdade	R$ 200,00
Combustível	R$ 290,00
Seguro do carro**	R$ 105,00
Restaurante	R$ 185,00
TOTAL de cada mês	R$ 2.539,80

*Ana e Carlos moram na casa de um parente. O imóvel não é próprio, mas não precisam pagar aluguel.
**A família possui um carro no valor de R$ 18.000,00.

ANEXO I – Prática do planejamento financeiro pessoal e familiar **177**

Além desses dados fixos, há mais três entradas programadas para os próximos meses:

- Um bônus de R$ 1.000,00 no Mês 2;
- Um bônus de R$ 1.000,00 no Mês 6;
- 13º salário no Mês 12.

Agora é com você! Em primeiro lugar, transporte os dados para a planilha de projeção Eduardo e Mônica, abaixo. Depois, analise os gastos mensais e veja o que pode ser ajustado para colocar a vida financeira de Ana e Carlos de volta nos eixos!

Planilha de projeção anual Eduardo e Mônica

		MÊS 1	MÊS 2	MÊS 3	MÊS 4	MÊS 5	MÊS 6
+	Entradas fixas (EF)						
	Entradas extras (EE)						
	Total entradas (TE)						
–	Saídas fixas (SF)						
	Saídas extras (SE)						
	Total saídas (TS)						
!	Saldo do mês (SM)						
	Saldo mês anterior (SMA)						
	Resultado do mês (RM)						

	MÊS 7	MÊS 8	MÊS 9	MÊS 10	MÊS 11	MÊS 12	TOTAL ANO	MÉDIA MENSAL
+								
–								
!								

178 NA RIQUEZA E NA POBREZA

- Qual solução vocês propõem para situação da Ana e do Carlos?

_____

_____

_____

_____

_____

_____

_____

_____

_____

MINHA PROPOSTA DE SOLUÇÃO DA DÍVIDA

A seguir, você encontra minha resposta para o exercício. Porém, antes de ler minha proposta, chegue às suas próprias conclusões. Converse com seu cônjuge e imagine cenários. Entenda, acima de tudo, que não há resposta certa! Talvez vocês imaginem possibilidades que eu não imaginei. A única regra é ser realista e trabalhar dentro do orçamento apresentado.

Depois de preencher a planilha de projeção Eduardo e Mônica com os dados, fiz algumas descobertas iniciais:

		MÊS 1
+	Entradas fixas (EF)	R$ 3.668,00
	Entradas extras (EE)	
	Total entradas (TE)	
-	Saídas fixas (SF)	R$ 2.539,80
	Saídas extras (SE)	
	Total saídas (TS)	
!	Saldo do mês (SM)	R$ 1.128,20
	Saldo mês anterior (SMA)	
	Resultado do mês (RM)	

ANEXO I – Prática do planejamento financeiro pessoal e familiar **179**

- O casal tem uma vida ajustada entre ganhos e despesas mensais, gastando menos do que recebe. O saldo positivo mensal é de R$ 1.128,20. Projete isso ao longo de alguns anos na planilha Eduardo e Mônica e você verá a riqueza escondida na família de Ana e Carlos. Este, aliás, é um dos truques da planilha de projeção.
- O lugar em que o casal realmente se perdeu foram as dívidas. O valor somado de todas as parcelas mensais excede o salário da casa. Faltou-lhes conhecimento financeiro, e também um pouco de reflexão, para analisar a melhor saída. Além disso, a forma como estão levando as finanças a cada mês só aumentará o problema, além de desprezar o potencial de gerar riqueza.
- Como o maior problema deles é a dívida, detive-me mais neste ponto. Separei as dívidas em duas categorias: longas (com mais de doze parcelas) e curtas (com menos parcelas). Depois, somei o montante de cada grupo:

  - Dívidas longas: R$ 15.736,00.
  - Dívidas curtas: R$ 6.145,00.

Com base nesses dados, surgiu uma possibilidade de resolver as dívidas de forma imediata.

Vocês notaram que a Ana e o Carlos possuem um carro? O valor do carro praticamente equivale ao valor das dívidas longas. Minha primeira recomendação seria vender o carro o mais rápido possível. Como não é tão simples assim efetivar uma venda dessas, eles poderiam considerar se vale a pena abrir mão do valor de tabela do carro, vendendo-o um pouco abaixo do preço, para fechar um negócio mais rapidamente. Uma quantia de R$ 15.500,00 estaria de bom tamanho.

Muitas vezes não queremos abrir mão de um bem, pois o consideramos como uma conquista de nossa jornada. No entanto, esse apego pode trazer maiores prejuízos, pois impede a solução dos verdadeiros problemas e ainda cria outros.

No caso do carro, as pessoas costumam alegar que precisam dele numa situação de emergência, ou para fazer grandes compras no mercado. Enfim, sempre há uma desculpa para não se desapegar.

180 NA RIQUEZA E NA POBREZA

Porém, analisando calmamente, sabemos que emergências são esporádicas e que compras volumosas geralmente não são feitas todos os dias. Além disso, hoje em dia existem várias opções de transporte alternativo.

Desfazer-se do carro, no caso de Ana e Carlos, não seria o fim do mundo. O valor que gastam com o veículo (combustível e seguro) totaliza R$ 395,00 ao mês. Esse mesmo valor – que será poupado com a venda do automóvel – poderá ser usado para se locomover usando transporte por aplicativo. Se gastarem uma média de R$ 15,00 por corrida, poderiam fazer por volta de 26 corridas ao mês.

O melhor vem agora. Vamos preencher a planilha de projeção Eduardo e Mônica para ter outras ideias.

Nessa planilha projetada, considerei que o carro já seria vendido no Mês 1. Com esse dinheiro na mão, Ana e Carlos têm um grande poder de negociação. Uma vez que o valor total das dívidas inclui os juros, eles podem negociar não só o pagamento das dívidas longas, mas de TODAS elas. Se conseguirem isso, já estarão livres dessas despesas no Mês 2.

		MÊS 1
+	Entradas fixas (EF)	R$ 3.668,00
	Entradas extras (EE) *	R$ 15.500,00
	Total entradas (TE)	R 19.168,00
-	Saídas fixas (SF)	R$ 2.539,80
	Saídas extras (SE)	
	Total saídas (TS)	R$ 2.539,80
!	Saldo do mês (SM)	R$ 16.628,20
	Saldo mês anterior (SMA)	
	Resultado do mês (RM)	

*Venda do carro.

Aqui fica evidente outro benefício do controle financeiro mensal e da projeção: eles deixam claro ao casal quais recursos a família realmente tem. A rigor, qualquer negociação de dívida só poderia acontecer depois de o casal ter todas as planilhas preenchidas, todos os

ANEXO I – Prática do planejamento financeiro pessoal e familiar **181**

recursos listados. Não dá para alguém negociar sem essa informação prévia, pois a pessoa vai ao banco sem saber quanto dinheiro tem. Com isso, acaba negociando no susto. Se sua família estiver endividada, entenda seu fluxo para negociar melhor sua dívida. Só quando tiver compreendido o fluxo é que você saberá se é melhor se desfazer de um bem e negociar um pagamento único, ou se é mais viável parcelar.

Mas e se a Ana e o Carlos não conseguirem quitar toda a dívida com o valor da venda do carro? Nesse caso, a sugestão é pagar o máximo possível da dívida e parcelar o saldo devedor no menor número de parcelas aceitável. Vimos anteriormente que o saldo mensal da família é de R$ 1.128,20. É com essa "sobra" que irão quitar o restante da dívida. Minha sugestão seria fazer parcelas em torno de R$ 1.000,00. Não recomendo usar todo o saldo, pois podem surgir imprevistos, e é sempre bom ter alguma reserva, mesmo em momentos de crise. Com esse ajuste, em dois ou três meses, Ana e Carlos estarão livres de dívidas, podendo economizar o saldo mensal na íntegra!

OTIMIZAÇÃO DE RECURSOS

Vamos agora ver o potencial de riqueza que mencionei. A Ana e o Carlos já têm gastos bem enxutos, usando menos do que ganham. Olhando a planilha H2O, vemos que ainda dá para melhorar!

Volte à planilha H2O deles. Um ponto que chama a atenção é o valor que gastam no combo TV/internet/telefone e mais a conta de celular. Tudo junto soma R$ 421,00, o que representa 11,5% da renda e – pior ainda – quase 20% de todas as despesas mensais! Isso é muito! Se reduzissem esse gasto, poderiam gerar ainda mais riqueza. Uma opção nesse sentido seria reduzir todos esses gastos somados a 10% das despesas mensais – algo em torno de R$ 200,00. Teriam assim uma economia mensal de R$ 221,00.

Ah, mas vão ficar sem o combo? Olha o desapego! Há várias soluções: reduzir o número de canais na TV ou contratar apenas a internet – hoje em dia o celular já atende a praticamente todas as necessidades de comunicação. Com a internet, podem assinar um plano de *streaming* (tipo Netflix) por um valor bem mais em conta.

182 NA RIQUEZA E NA POBREZA

Reforço o que falei ao longo do livro: finanças são escolhas, sempre escolhas. Elas se baseiam mais em comportamento do que em números. Quem deseja ter tudo agora, irá comprometer o futuro.

Quando transferimos essas economias para a planilha de projeção Eduardo e Mônica, vemos um saldo positivo expressivo. Além disso, acrescentei os ganhos extras do casal. Essas entradas "picadas" geralmente somem assim que caem na conta, sendo desviadas para cobrir gastos pessoais. Porém, quando colocamos tudo na planilha de projeção, ganham muito mais expressividade, somadas ao saldo que se acumula mês a mês.

		MÊS 1	MÊS 2	MÊS 3	MÊS 4	MÊS 5	MÊS 6
+	Entradas fixas (EF)	R$ 3.668,00	R$ 3.668,00	R$ 3.668,00	R$ 3.668,00	R$ 3.668,00	R$ 3.668,00
	Entradas extras (EE)	R$ 15.500,00	R$ 1.000,00				R$ 1.000,00
	Total entradas (TE)	R 19.168,00	R$ 4.668,00	R$ 3.668,00	R$ 3.668,00	R$ 3.668,00	R$ 4.668,00
-	Saídas fixas (SF)	R$ 2.539,80	R$ 2.539,80	R$ 2.539,80	R$ 2.539,80	R$ 2.539,80	R$ 2.539,80
	Saídas extras (SE)						
	Total saídas (TS)	R$ 2.539,80	R$ 2.539,80	R$ 2.539,80	R$ 2.539,80	R$ 2.539,80	R$ 2.539,80
!	Saldo do mês (SM)	R$ 16.628,20	R$ 2.128,20	R$ 1.128,20	R$ 1.128,20	R$ 1.128,20	R$ 2.128,20
	Saldo mês anterior (SMA)	R$ -	R$ 1.128,20*	R$ 3.256,40	R$ 4.384,60	R$ 5.512,80	R$ 6.641,00
	Resultado do mês (RM)	R$ 16.628,20	R$ 3.256,40	R$ 4.384,60	R$ 5.512,80	R$ 6.641,00	R$ 8.769,20

	MÊS 7	MÊS 8	MÊS 9	MÊS 10	MÊS 11	MÊS 12
	R$ 3.668,00	R$ 3.668,00	R$ 3.668,00	R$ 3.668,00	R$ 3.668,00	R$ 3.668,00
+						R$ 3.668,00
	R$ 3.668,00	R$ 3.668,00	R$ 3.668,00	R$ 3.668,00	R$ 3.668,00	R$ 7.336,00
	R$ 2.539,80	R$ 2.539,80	R$ 2.539,80	R$ 2.539,80	R$ 2.539,80	R$ 2.539,80
-						R$ 1.700,00
	R$ 2.539,80	R$ 2.539,80	R$ 2.539,80	R$ 2.539,80	R$ 2.539,80	R$ 4.239,80
	R$ 1.128,20	R$ 1.128,20	R$ 1.128,20	R$ 1.128,20	R$ 1.128,20	R$ 3.096,20
!	R$ 8.769,20	R$ 9.897,40	R$ 11.025,60	R$ 12.153,80	R$ 13.282,00	R$ 14.410,20
	R$ 9.897,40	R$ 11.025,60	R$ 12.153,80	R$ 13.282,00	R$ 14.410,20	R$ 17.506,40

*Considerei que o dinheiro adquirido com a venda do carro foi usado para pagar as dívidas.

ANEXO I – Prática do planejamento financeiro pessoal e familiar **183**

Perceba que, em doze meses, Ana e Carlos poderão adquirir um novo carro, se desejarem. Ou então poderão usar a economia que fizeram com a negociação do combo para viajar em família, sem ter de tirar um centavo do orçamento mensal. Assim, o que era dívida virou reserva de riqueza. Agora, em vez de pagar juros, eles podem aplicar a sobra e, em alguns anos, conquistarão uma independência financeira. Tudo isso sem aumento de salário nem grandes entradas.

O planejamento bem-feito tem essas surpresas. Mas não se trata de mágica, é previsão. Porém, assim como prevemos entradas e economias, também temos de prever gastos maiores. Veja, por exemplo que no Mês 12, quando entra o 13º salário, há um aumento nos gastos. De onde tirei isso? É o famoso fim de ano, que faz nossos gastos subirem além da conta: férias, festas, presentes etc. Temos de ser realistas com cada mês da planilha. Sabemos, por exemplo, que janeiro sempre tem despesas como IPVA, matrícula na escola, compra de material escolar, as parcelas dos presentes de Natal etc. Precisamos separar o dinheiro extra para cobrir os meses com gasto extra.

Agora, desafio você a realizar sua própria projeção, entender seu futuro financeiro e buscar ainda mais conhecimento para gerir recursos. Porém, leia todo o livro antes de seguir com a planilha. Acima de tudo, deixe a Palavra de Deus guiar sua família nessa jornada.

ANEXO **II**

Planilha H2O (**H**oje os **2 O**lham)

RECEITAS E GANHOS DO CASAL	VALOR MENSAL	DÍVIDA
Salários fixos		
Ganhos extras (comissões, bônus etc.)		
Pensão/aposentadoria		
Aluguel ou outros rendimentos		
Outro ganho mensal		
TOTAL MENSAL de receita do casal	R$	TOTAI

GANHOS EXTRAS	MÊS 1	MÊS 2
13º, bônus, doação etc.		

	DESPESAS	MÊS 1	MÊS 2
Generosidade	Dízimo		
	Ajuda para parente ou amigo		
	Ofertas e doações		
Investimento	Investimentos mensais/aplicações		
	Casamento (noivos ou recém-casados)		
Moradia	Aluguel		
	Condomínio		
	Prestação do imóvel (financiamento)		
Básico	Água		
	Energia elétrica		
	Gás		
	IPTU		
Comunicação e assinaturas	Celular		
	Combo (TV, internet, telefone)		
Casa – diversos	Consertos		
	Empregada doméstica (registrada)		
	Faxineira (esporádico)		

ANEXO II – Planilha H2O (Hoje os 2 Olham) **185**

DÍVIDAS DO CASAL (lançar por tipo de dívida)			
VALOR DA PRESTAÇÃO	Nº DE PRESTAÇÕES A PAGAR	TOTAL DA DÍVIDA	OBSERVAÇÕES GERAIS
R$	R$	R$	

MÊS 3	MÊS 4	MÊS 5	MÊS 6	**TOTAL** DOS MESES
				R$

MÊS 3	MÊS 4	MÊS 5	MÊS 6	**TOTAL** DOS MESES
				R$
				R$
				R$
				R$
				R$
				R$
				R$
				R$
				R$
				R$
				R$
				R$
				R$
				R$
				R$
				R$
				R$

Alimentação	Açougue		
	Feira		
	Mercado		
	Padaria		
Saúde	Dentista		
	Farmácia		
	Médico		
	Plano de saúde		
Cuidados pessoais	Academia/esporte		
	Barbeiro (cuidados masculinos)		
	Cabeleireiro (cuidados femininos)		
	Perfumaria (separar de farmácia)		
	Vestuário		
Educação	Cursos de curta duração		
	Escola/faculdade		
	Livros/revistas		
	Material escolar		
	Mesada dos filhos		
Carro e transporte	Combustível		
	Estacionamento		
	Impostos (IPVA, licenciamento)		
	Prestação do carro (financiamento)		
	Manutenção do carro		
	Multas de trânsito		
	Seguro do carro		
	Transporte (público, aplicativo etc.)		
Lazer	Lanches ou pequenas refeições		
	Restaurante		
	Lazer (cinema, shows, exposições etc.)		
	Lazer (outros)		
	Viagens		
	TOTAL de cada mês	R$	R$

ANEXO II – Planilha H2O (Hoje os 2 Olham)

				R$
				R$
				R$
				R$
				R$
R$				R$
				R$
				R$
				R$
				R$
				R$
				R$
				R$
				R$
				R$
				R$
				R$
				R$
				R$
				R$
				R$
				R$
				R$
				R$
				R$
				R$
				R$
				R$
				R$
				R$
				R$
R$	R$	R$	R$	R$

TOTAL DOS MESES

CONTROLE MENSAL	Mês 1	Mês 2
Saldo do mês anterior		R$
Receita do mês		
Ganho extra no mês		
Despesas do mês		
SALDO do mês	R$	R$

COMO PAGAR AS DÍVIDAS?	Mês 1	Mês 2
Parcelas ou negociações		
Recursos de apoio		

ANEXO II – Planilha H2O (Hoje os 2 Olham)

Mês 3	Mês 4	Mês 5	Mês 6	
R$	R$	R$	R$	**MÉDIA RECEITAS**
				R$
				MÉDIA DESPESAS
				R$
R$	R$	R$	R$	

Mês 3	Mês 4	Mês 5	Mês 6	**TOTAL** quitado

ANEXO **III**

Planilha de Projeção Eduardo e Mônica

	MÊS 1	MÊS 2	MÊS 3	MÊS 4	MÊS 5	MÊS 6
Escreva o mês inicial:						
Entradas fixas (EF)						
Entradas extras (EE)						
Total entradas (TE)						
Saídas fixas (SF)						
Saídas extras (SE)						
Total saídas (TS)						
Saldo do mês (SM)						
Saldo mês anterior (SMA)						
Resultado do mês (RM)						

Como pagar as dívidas?	MÊS 1	MÊS 2	MÊS 3	MÊS 4	MÊS 5	MÊS 6
Parcelas ou negociações						
Recursos de apoio						

Legenda:

Preencha a planilha de projeção Eduardo e Mônica
somente depois de ter preenchido a Planilha H2O.

Entradas fixas (EF)	Receitas fixas do casal	Use a planilha H2O para identificar todos as entradas do casal.
Entradas extras (EE)	Receitas extras do casal	
Total entradas (TE)	TE = EF + EE	
Saídas fixas (SF)	Gastos fixos do casal	Use a planilha H2O para identificar todas as despesas do casal.
Saídas extras (SE)	Gastos extras do casal	
Total saídas (TS)	TS = SF + SE	
Saldo do mês (SM)	SM = TE - TS	É a soma de todas as entradas fixas (TE) descontando-se todas as saídas (TS).
Saldo mês anterior (SMA)	SMA	Copie o saldo do mês (SM) do mês anterior. Ignore este campo no primeiro mês.
Resultado do mês (RM)	RM = SM + SMA	Some o saldo do mês com o saldo do mês anterior.

ANEXO III – Planilha de Projeção Eduardo e Mônica

MÊS 7	MÊS 8	MÊS 9	MÊS 10	MÊS 11	MÊS 12	TOTAL ANO	MÉDIA MENSAL
							Entender se há sobra financeira ou geração de dívida

MÊS 7	MÊS 8	MÊS 9	MÊS 10	MÊS 11	MÊS 12	TOTAL QUITADO	Entenda seu fluxo projetado para depois negociar suas dívidas

ANEXO **IV**

GUIA DE ESTUDOS: Visão bíblica sobre finanças

Neste guia você encontrará uma compilação dos diversos assuntos mencionados ao longo do livro, além de sua referência bíblica. Ele pode ser usado como base para estudos sobre finanças na igreja, em células, cultos familiares ou qualquer outro ambiente no qual se deseje estudar finanças a partir de uma visão bíblica.

Fiz apontamentos para cada texto, mas estejam prontos para ouvir o que o Espírito Santo tem para falar em cada situação.

Que este pequeno estudo o estimule cada vez mais a buscar conhecimento sobre o tema, e também o fortaleça na sabedoria da Palavra bíblica.

1. Deus nos alerta sobre o tema

- Finanças são mencionadas na Bíblia com mais frequência do que assuntos como oração, cura e misericórdia. Há mais de 2.350 versículos sobre como lidar com o dinheiro e as posses.
- Jesus falou mais sobre dinheiro do que sobre qualquer outro assunto.
- Ter dinheiro não é pecado. O fundamental é saber como lidar com esse recurso emprestado por Deus (Mateus 25:14-30).

2. Confie em Deus como Provedor e creia na Palavra

- Se confiarmos nos cuidados de Deus, não teremos medo de passar por necessidades (Salmos 23; 127:1-2; Mateus 6:11; Lucas 12:22-34; Filipenses 4:19; 1Timóteo 6:17).

ANEXO IV – Guia de estudos: Visão bíblica sobre finanças **193**

- A Bíblia estimula a confiança em Deus para prover em vez de tentar juntar e acumular grandes volumes de riqueza. Em vez de buscar acumular riquezas, devemos nos esmerar em sermos ricos para com Deus, em boas obras (1Timóteo 6:18-19; Lucas 12:13-21).
- Devemos confiar no Senhor, estar com nossas raízes plantadas na fonte de água viva e, assim, em todas as situações, obteremos os recursos necessários. Não podemos nos enganar por nossas próprias emoções e percepções (Jeremias 17:7-9).

3. A forma de lidarmos com o dinheiro impacta nossa comunhão com o Senhor

- Jó sabia que tudo o que ele possuía lhe fora dado pelo Senhor. Por isso, em meio às dificuldades, ele não blasfemou e manteve-se fiel a Deus (Jó 1:20-22; 2:9-10).
- As coisas que ocuparem nosso coração, nossa energia e nossas prioridades são nosso verdadeiro tesouro (Mateus 6:19-21).
- Temos de renunciar ao direito de posse de tudo o que possuímos. Devemos transferir para Deus o título de proprietário de tudo o que temos (Lucas 14:33).

4. As posses podem competir com o Senhor pelo domínio de nossa vida

- O maior alerta que Jesus nos deu sobre o assunto é o de que o dinheiro pode se tornar um senhor sobre o ser humano, competindo com Deus (Mateus 6:24).
- Não se contamine com o que Deus lhe deu. Sua maior bênção pode ser sua maior armadilha. Deus não terá dó se nos encontrar em soberba e arrogância (Deuteronômio 8:10-18; Provérbios 30:7-9).
- Jesus nos colocará em prova para avaliar se realmente queremos ser seus discípulos. Ele nos colocará para fora da nossa zona de conforto (Marcos 10:21-25).
- A busca por dinheiro pode causar problemas na fé e sofrimentos em outras áreas da vida (1Timóteo 6:3-10).

194　NA RIQUEZA E NA POBREZA

5. Muito de nossa vida gira em torno da busca e do uso do dinheiro. Busque contentamento

- A Bíblia nos estimula grandemente a buscarmos contentamento em todas as situações. O segredo está em olhar para o agir de Deus em meio às circunstâncias e confiar em sua boa vontade para conosco (Provérbios 30:7-9; Filipenses 4:10-13; Hebreus 13:5).
- Não devemos gastar nossas energias correndo atrás de riquezas (Provérbios 21:17; 23:4-5; Eclesiastes 5:10-11).
- A ganância e o egoísmo enfurecem Deus (Isaías 5:8; Lucas 12:15-21).

6. Dízimo

- Deus nos deu seu bem mais precioso, que jamais poderá ser comprado. Assim, o dízimo jamais poderá ser uma troca ou pagamento por algo que Deus nos deu (João 3:16).
- O dízimo é o reconhecimento da bênção de Deus em nossa vida. Dar o dízimo é reconhecer que 100% do que recebemos veio de Deus (Provérbios 3:9-10).
- O primeiro dízimo foi dado como um ato de fé, não como cumprimento a uma ordem, mas como reconhecimento e gratidão do cuidado de Deus. Outros dízimos foram ofertados com o mesmo espírito (Gênesis 14:17-20; Neemias 12:44).
- Além de gratidão, o dízimo era uma forma de prover para a manutenção da obra de Deus. Como nós gostaríamos que nossa igreja fosse? De que forma temos contribuído financeiramente para que isso se realize? Ao longo da história, o Senhor se mostrou muito zeloso e rígido quando seus filhos ignoravam sua obra para cuidar de seus próprios interesses (2Crônicas 31:4-12; Ageu 1:2-11; Malaquias 3:8-11).
- Os primeiros convertidos viam na generosidade uma maneira de expressar seu compromisso com Deus e com a Igreja (Atos 4:32-37; 2Coríntios 8:1-15; 9:1-2).
- O dízimo é uma medida de fidelidade, generosidade. A medida que usamos para lidar com os outros será a mesma medida

ANEXO IV – Guia de estudos: Visão bíblica sobre finanças **195**

usada para o trato conosco (Provérbios 11:24-25; Lucas 6:38; 16:10; 2Coríntios 9:6-15; Tiago 2:14-17).

- Sem amor, nada tem valor. Qual tem sido a motivação do seu coração ao dizimar? (1Coríntios 13:3; 2Coríntios 9:7).

7. Trabalhe e honre os recursos de Deus

- O trabalho não é maldição, mas bênção de Deus. Ao trabalhar, o ser humano reflete a imagem de um Deus trabalhador (Gênesis 2:2; Eclesiastes 2:24; Isaías 64:4; João 5:17).
- Respeite o que Deus colocou em suas mãos. Não murmure, mas faça o melhor possível. Deus pede nossa fidelidade aos recursos que são dele (Mateus 25:14-15; Colossenses 3:22-25; Tito 2:9-10).
- O sustento sempre veio de Deus, pois todas as coisas boas vêm das mãos dele. Mas Deus estabeleceu que, para recebermos o alimento, temos de trabalhar (Gênesis 3:19; Números 18:31; Salmos 128:2; 1Coríntios 9:7-10; 2Tessalonicenses 3:10).
- O preguiçoso fica pobre, mas quem se esforça no trabalho, enriquece como bênção de sua diligência (Provérbios 10:4-5; 12:24; 13:4).

8. Atenção às dívidas

- O cristão não deve contrair dívidas (Romanos 13:8).
- Assim como os pobres são dominados pelos ricos, quem pede dinheiro emprestado se torna escravo de quem o empresta (Deuteronômio 28:44; Provérbios 22:7).
- Fomos comprados por alto preço, não podemos nos submeter a qualquer tipo de escravidão (1Coríntios 7:23; Gálatas 5:1).
- A oração-modelo de Jesus ("Pai-nosso") nos ensina a pedir perdão sobre nossas dívidas e descansar na provisão diária de Deus (Mateus 6:9-13).

ANEXO **V**

Quatro princípios espirituais para a tomada de decisão no casamento

Por pastor Edio Dalla Torre Jr.*

Tomar decisões faz parte do dia a dia do casamento e, claro, das finanças. Deus estabeleceu, por meio da Bíblia, determinados princípios norteadores para a tomada de decisão em casal. Esses princípios precisam ficar claros antes de simplesmente montar uma planilha ou dividir as contas em casa.

Primeiro princípio: transparência

Um dos princípios fundamentais estabelecidos está em Gênesis 2:25: "O homem e sua mulher viviam nus, e não sentiam vergonha".

Trata-se do princípio da transparência, que tem a verdade como fundamento. Nada deve ser omitido ou escondido no casamento. Muitos casais têm sofrido por conta de cada um guardar a verdade para si e não compartilhá-la com seu cônjuge. Isso se dá por diversos fatores: medo, insegurança, vergonha, orgulho, o que traz prejuízos de ordem material, emocional e espiritual.

---

*O pastor Edio me ajudou muito em minha jornada de fortalecimento na Palavra de Deus quando passei por uma crise financeira há alguns anos. Com imenso carinho, ele compartilha neste texto alguns princípios para guiar casais nas decisões da vida.

ANEXO V – Quatro princípios espirituais para a tomada de decisão no casamento

Aqueles que entendem o princípio da transparência caminham para uma vida de unidade.

A Palavra de Deus, em Provérbios 28:13, diz que: "Quem encobre os seus pecados não prospera, mas quem os confessa e os abandona encontra misericórdia". Esta é uma clara aplicação do princípio da transparência: quando um dos cônjuges encobre (esconde) do outro o que está passando na vida financeira, é sinal de que não existe transparência. Como lemos, quando não existe transparência, o relacionamento não prospera. Este é um segredo. Criar uma planilha, como o Chris propõe neste livro, pode virar mais um motivo de discussões, uma vez que a intimidade financeira revela muito sobre quem somos. Não importa quão bem elaborada esteja a planilha: se não houver transparência, não haverá prosperidade.

Todo relacionamento é baseado na confiança. Sem ela, não existe relacionamento e, muito menos, intimidade para que o casal alcance o sucesso. Muitos casais confiam mais em um educador financeiro do que no cônjuge para tratar do assunto.

Por outro lado, quando a real situação é compartilhada entre os cônjuges, estes são capazes de, em unidade, tomar decisões de forma sábia e alinhada à Palavra de Deus, porque muitas vezes abandonam a prática de atos e gastos que comprometem a vida do casal.

Na vida conjugal, a transparência depende, inclusive e especialmente, do comum acordo para que sejam tomadas as decisões: "Duas pessoas andarão juntas se não estiverem de acordo?" (Amós 3:3).

Segundo princípio: paz de Cristo

Ora, se cremos na Palavra de Deus, diante de uma tomada de decisão o casal deve, antes, seguir o direcionamento do Espírito Santo que conduzirá à paz de Cristo. Este é o segundo passo.

Tomar decisões sob pressão, por impulso ou pelo próprio conhecimento humano é a pior atitude que um casal pode adotar. Custa muito caro confiar apenas em nós mesmos. Sempre que isso acontece, casais que agem por conta própria e tomam atitudes precipitadas, que inicialmente parecem pequenas, acabam vivendo aflições e consequências gravíssimas, porque decidiram agir sem buscar a paz de Cristo e, muitas vezes, sem preservar a paz no lar.

Colossenses 3:15 diz: "Que a paz de Cristo seja o juiz em seu cora-ção". Muitos casais têm tomado decisões sem antes consultar Deus e buscar sua paz no assunto. Sem paz, não devemos sequer nos mover.

O que é essa paz? Em caso de decisões, não se trata de um senti-mento, mas de uma convicção dada pelo Espírito Santo.

Precisamos saber que os sentimentos do nosso coração talvez não sejam o que realmente parecem. Devemos estar alertas ao que diz a Bíblia: "O coração é mais enganoso que qualquer outra coisa e sua doença é incurável. Quem é capaz de compreendê-lo?" (Jeremias 17:9). Talvez a paz que você esteja sentindo em relação a uma decisão seja, na verdade, desinteresse ou apatia. Enquanto você está tranquilo com aquilo, seu cônjuge está se consumindo em ansiedade.

Essa não é a verdadeira paz de Cristo. É chegado o tempo em que os casais devem parar de fazer as coisas de forma unilateral e, prin-cipalmente, sem paz. Eles devem permitir que Jesus seja o árbitro de suas decisões. Deus não é Deus de confusão. Ele não habita em ambiente de discórdia, mas em ambiente de paz. Desta forma, o casal precisa pedir direção a Deus para ter vitória, e ambos os cônjuges devem ter paz para decidir. Aprender a manter a paz é o caminho para que casal possa vencer, entre outras, na área financeira.

Sobre esse assunto, a Palavra de Deus ainda diz em Filipenses 4:6-7: "Não andem ansiosos por coisa alguma, mas em tudo, pela oração e súplicas, e com ação de graças, apresentem seus pedidos a Deus. E a paz de Deus, que excede todo o entendimento, guardará o cora-ção e a mente de vocês em Cristo Jesus". A paz de Cristo é o caminho para que o casal possa seguir em acordo. Essa paz faz parte daqueles que foram transformados pela graça de Deus e descansam nele.

Terceiro princípio: sábios conselhos

Além dos dois passos anteriores, o terceiro passo para se tomar deci-sões em casal é procurar o conselho sábio, conforme diz a Palavra de Deus: "Sem diretrizes a nação cai; o que salva é ter muitos con-selheiros" (Provérbios 11:14); e: "Os planos fracassam por falta de conselho, mas são bem-sucedidos quando há muitos conselheiros" (Provérbios 15:22).

ANEXO V – Quatro princípios espirituais para a tomada de decisão no casamento **199**

Quando o casal se vê sem direção, buscar um conselho sábio, alicerçado na Palavra Deus, certamente poderá evitar inúmeras decisões precipitadas. Na verdade, um simples conselho, dado com a direção de Deus, pode fazer com que tudo aquilo que parecia um grande e intransponível dilema se converta em um momento de paz para o casal.

Essa regra, apesar de simples, é ignorada por muitos casais. Isso decorre de diversos fatores, como orgulho e prepotência, especialmente ao desprezar o poder do conselho sábio, vindo de homens e mulheres que temem a Deus e conhecem a sua Palavra. Quem age assim desconhece que o conselheiro sábio enxerga o problema com outra percepção, com direção do Espírito Santo.

Embora os cônjuges se completem, haverá situações em que os dois não saberão qual o caminho a trilhar. Nesse caso, tendo sido transparentes um com o outro, e procurando preservar a paz no lar e na mente, eles devem buscar o conselho de alguém experiente no assunto. Essa orientação é preciosa, mas não prescinde da unidade do casal na tomada da decisão. Ou seja, ambos devem considerar o conselho apresentado e decidir em conjunto qual decisão tomar.

Quarto princípio: manter a fé na Palavra de Deus

Por último, mantenha a fé em Deus. Nesse sentido, devemos ter em mente o que diz Hebreus 11:6: "Sem fé é impossível agradar a Deus, pois quem dele se aproxima precisa crer que ele existe e que recompensa aqueles que o buscam".

O casal que deposita sua fé na Palavra de Deus, e não apenas em sua própria capacidade de tomar decisões, nem apenas nos conselhos que recebeu, sabe que o Senhor o conduzirá segundo o propósito que tem para sua vida. Em caso de incertezas, a fé renovará as forças do casal, produzirá descanso – que é um elemento imprescindível da fé –, e lhe dará uma nova visão e refrigério. Não aja de forma precipitada; ainda que do lado de fora as circunstâncias sejam contrárias, o casal deve manter sua fé em Deus e na Palavra e crer em suas promessas.

Casais que recebem estes princípios da Palavra de Deus certamente caminharão sustentados na verdade, desfrutando de vida abundante na construção da riqueza.

Notas

Capítulo 1

[1]Foi utilizada a Nova Versão Internacional como parâmetro.

[2]Segundo Howard Dayton publicou em seu livro *Your Money Counts* [*O seu dinheiro*, Pompeia: UDF, 2002]. A lista, em inglês, dos 2.350 versos bíblicos sobre dinheiro e posses pode ser acessada em <encour.nl/wp-content/uploads/2015/08/2350-verses-on-money.pdf>. Acesso em 9 de agosto de 2019.

[3]Faith and Finance. "101 Biblical Proverbs About Money". Disponível em <www.patheos.com/blogs/faithandfinance/2010/11/22/101-biblical-proverbs-about-money/>. Acesso em 27 de fevereiro de 2019.

[4]Citado por Howard L. Dayton Jr.

[5]Rodolfo Garcia Montosa. "Princípios Bíblicos Sobre Finanças". Disponível em <solascriptura-tt.org/VidaDosCrentes/ComRiquezas/PrincipiosBiblicosSobreFinancas-RGMontosa.htm>. Acesso em 27 de fevereiro de 2019.

[6]John Piper, "Male and Female He Created Them in the Image of God". Disponível em <www.desiringgod.org/messages/male-and-female-he-created-them-in-theimage-of-god>. Acesso em 4 de fevereiro de 2019.

[7]"Apenas 44% dos brasileiros falam com frequência sobre dinheiro dentro de casa, aponta estudo do SPC Brasil e CNDL". Disponível em <www.spcbrasil.org.br/pesquisas/pesquisa/4424>. Acesso em 14 de março de 2019.

[8]Fabiana Pimentel. "Veja 5 motivos que levam homens e mulheres à separação". Disponível em <www.infomoney.com.br/minhas-financas/planeje-suas-financas/noticia/2509147/veja-motivos-que-levam-homens-mulheres-separacao>. Acesso em 11 de março de 2019.

Capítulo 2

[1]Ludmilla Souza. "Seis em cada 10 brasileiros (58%) admitem que nunca, ou somente às vezes, dedicam tempo a atividades de controle da vida financeira". Disponível em <agenciabrasil.ebc.com.br/economia/noticia/2018-03/pesquisa-revela-que-58-dos-brasileiros-nao-se-dedicam-proprias-financas>. Acesso em 12 de março de 2019.

[2]G1. "Percentual de famílias endividadas sobe pelo 5º mês seguido e chega a 63,4%, diz CNC". Disponível em <g1.globo.com/economia/noticia/2019/06/11/percentual-de-familias-endividadas-sobe-pelo-5o-mes-seguido-e-chega-a-634percent-diz-cnc.ghtml>. Acesso em 25 de julho de 2019.

[3]Charge do artista @analizio (Analizio Valter Ribeiro Pinto), produzida durante o inverno de 2019 em São Paulo-SP. Usada aqui com autorização.

[4]Acacio Castro. "Jesus e o dinheiro". Disponível em <ministeriocanaa.org/licao-10-jesus-e-o-dinheiro/>. Acesso em 12 de março de 2019.

[5]"Brasileiro endividado mal sabe o quanto ganha e o quanto deve". Disponível em <veja.abril.com.br/economia/brasileiro-endividado-mal-sabe-o-quanto-ganha-e-o-quanto-deve/>. Acesso em 14 de março de 2019.

[6]Dados da pesquisa "Educação financeira e a gestão do orçamento familiar", feita em fevereiro de 2018 pelo SPC Brasil e pela CNDL. Disponível em <www.spcbrasil.org.br/pesquisas/pesquisa/1380>. Acesso em 14 de março de 2019.

[7]Idem.

[8]Marcela Kawauti, economista-chefe do SPC Brasil. Disponível em <www.spcbrasil.org.br/pesquisas/pesquisa/1380>. Acesso em 14 de março de 2019.

[9]C. S. Lewis, em carta a Dom Bede Griffiths (23 de abril de 1951). Disponível em <www.thegospelcoalition.org/blogs/justin-taylor/the-first-things-first-principle/>. Acesso em 28 de março de 2019.

[10]Há diversos conteúdos confiáveis na internet que podem ajudá-lo a se tornar especialista em reservas de emergência. Compartilho aqui os que utilizei como fonte de consulta: Nathalia Arcuri, "Tudo que você precisa saber sobre RESERVA DE EMERGÊNCIA!", disponível em: <www.youtube.com/watch?v=shfYMvEXqm4>; Gustavo Cerbasi, "Live: Reserva de emergência, como fazer?", disponível em <www.youtube.com/watch?v=c_UgdoDSKCo>; O Primo Rico, "Onde Investir seu dinheiro de Curto Prazo e formar seu Fundo de Emergência", disponível em <www.youtube.com/watch?v=WUkqe56ABKg>. Acesso em 28 de março de 2019.

Capítulo 3

[1] Essas personalidades foram baseadas no livro *Casais inteligentes enriquecem juntos*, de Gustavo Cerbasi. São Paulo: Editora Gente, 2004.

[2] Nathalia Arcuri. "Dinheiro no casamento! 3 dicas poderosas pra multiplicar o dinheiro do casal!". Vídeo disponível em <www.youtube.com/watch?v=SQjj9tXrm18>. Acesso em 25 de março de 2019.

[3] Soraia Yoshida. "'Falar de dinheiro ainda é tabu'". Disponível em: <epocanegocios.globo.com/Dinheiro/noticia/2017/06/falar-de-dinheiro-ainda-e-tabu.html>. Acesso em 25 de março de 2019.

Capítulo 4

[1] Mario E. René Schweriner. "Consumo: proscrito ou prescrito?". Revista da ESPM, ano 21, edição 98, n. 3, maio/junho 2015, p. 30.

[2] Timothy Keller. *Deuses falsos*. Rio de Janeiro: Thomas Nelson Brasil, 2009, p. 18.

[3] Mario E. René Schweriner. "Consumo: proscrito ou prescrito?", p. 28.

[4] Babel. "44% da população não lê, e 30% nunca comprou um livro, aponta pesquisa Retratos da Leitura". Disponível em <cultura.estadao.com.br/blogs/babel/44-da-populacao-brasileira-nao-le-e-30-nunca-comprou-um-livro-aponta-pesquisa-retratos-da-leitura/>. Acesso em 13 de junho de 2019.

[5] Mario E. René Schweriner. "Consumo: proscrito ou prescrito?", p. 29.

[6] Idem, p. 30.

[7] João da Matta. "O consumo como linguagem: aquém e além da satisfação". Revista da ESPM, ano 21, edição 98, n. 3, maio/junho 2015, pp. 92-99.

[8] Folha de S. Paulo. "Ao anunciar novas vagas, Dilma se enrola para explicar meta do Pronatec". Disponível em <www1.folha.uol.com.br/educacao/2015/07/1661345-ao-anunciar-novas-vagas-dilma-se-enrola-para-explicar-meta-do-pronatec.shtml>. Acesso em 11 de abril de 2019.

[9] João da Matta. "O consumo como linguagem: aquém e além da satisfação".

Capítulo 5

[1] PEIC. "Série histórica". Disponível para download em <http://www.cnc.org.br/editorias/economia/pesquisas/peic-abril-de-2019>. Acesso em 31 de janeiro de 2019.

204 NA RIQUEZA E NA POBREZA

[2]Idem.

[3]Timothy Wolters. "'Carry Your Credit in Your Pocket': The Early History of the Credit Card at Bank of America and Chase Manhattan". Enterprise & Society, vol. 1, n°. 2, 2000, pp. 315–354. Disponível em <www.jstor.org/stable/23699776>. Acesso em 22 de abril de 2019.

[4]Nathalia Arcuri. "Três razões pra destruir seu cartão de crédito!". Disponível em <mepoupenaweb.uol.com.br/videos/tres-razoes-pra-destruir-o-cartao-de-credito>. Acesso em 14 de abril de 2019.

[5]Governo do Brasil. "Entenda como ficam as novas regras do cartão de crédito". Disponível em <https://andreaaraujoadvocacia.jusbrasil.com.br/artigos/481004808/novas-regras-do-cartao-de-credito>. Acesso em 29 de abril de 2019.

[6]Parte do conteúdo dessa seção final foi baseada no vídeo de Luciano Subirá "Provisão para suas dívidas". Disponível em <https://youtu.be/4gM_Fd6orpY>. Acesso em 29 de abril de 2019.

Capítulo 6

[1]Ed René Kivitz, "O evangelho da generosidade". Disponível em <youtu.be/n3sLPn21k80>. Acesso em 16 de maio de 2019.

[2]William Barcley, "The Bible Commands Christians to Tithe". Disponível em <www.thegospelcoalition.org/article/bible-commands-christians-to-tithe/>. Acesso em 13 de maio de 2019.

[3]Conforme Gálatas 3:17.

[4]Thomas Schreiner, "7 Reasons Christians Are Not Required to Tithe". Disponível em <www.thegospelcoalition.org/article/7-reasons-christians-not-required-to-tithe/>. Acesso em 13 de maio de 2019.

[5]Ray Ortlund, "Jesus and tithing". Disponível em <www.thegospelcoalition.org/blogs/ray-ortlund/jesus-and-tithing/>. Acesso em 13 de maio de 2019.

[6]Ray Ortlund, "Jesus and tithing".

[7]Para saber mais sobre a história de LeTorneau, confira: "O segredo do sucesso financeiro do milionário Robert Gilmour Le Tourneau". Disponível em <youtu.be/JLWN2UPttPQ>. Acesso em 22 de julho de 2019.

[8]Theodore Roosevelt Malloch. *Ganhar dinheiro não é pecado*. Rio de Janeiro: Thomas Nelson Brasil, 2011, p. 78.

[9]Ed René Kivitz, "Além da justiça". Postagem no Facebook em 22 de abril de 2016.

Este livro foi impresso em 2019, pela Exklusiva,
para a Thomas Nelson Brasil. A fonte usada
no miolo é Avenir Next Pro corpo 10,5.
O papel do miolo é pólen soft 80 g/m².